매일 위대해지는 글쓰기

씀

저자 **최승한**

경인교육대학교 국어교육과를 졸업하고, 서울교육대학교에서 국어교육 석사 학위를 받았습니다. 서울 창림초등학교와 운현초등학교 교사로 있었으며, 서울교육대학교 초등국어교육연구소와 한국교과서연구재단의 연구원을 지냈습니다. 2009 개정 교육과정과 2015 개정 교육과정 초등학교 국어 교과서를 집필하였고, 2022 개정 교육과정 국어 교과서 집필에 참여했습니다. 또, 유치원, 초등학교, 도서관에서 학부모를 대상으로 한글 및 독서·논술 교육 강사로 활동하고 있습니다.

지은 책으로 『미리 보고 개념 잡는 초등 독서감상문 쓰기』, 『안중근: 이야기 교과서 인물』, 『한글을 깨치는 비법 한께비 한글 공부 1~5』, 『초등 글쓰기 무작정 따라하기: 첫걸음 편』, 『책 읽어주기의 힘』 등이 있습니다.

- 블로그: https://blog.naver.com/tomatovirus1
- 이메일: tomatovirus@hanmail.net

매일 위대해지는 글쓰기
씀 초등 3단계

초판 1쇄 인쇄 2023년 10월 4일
초판 1쇄 발행 2023년 10월 13일

지은이 최승한
발행인 박효상 | **편집장** 김현 | **기획·편집** 장경희, 김효정
디자인 임정현 | **마케팅** 이태호, 이전희 | **관리** 김태옥
교정·교열 진행 박나리 | **내지 디자인** 페이지트리 | **삽화** 권석란

종이 월드페이퍼 | **인쇄·제본** 예림인쇄·바인딩 | **출판등록** 제10-1835호
펴낸 곳 사람in | **주소** 04034 서울시 마포구 양화로11길 14-10(서교동) 3F
전화 02) 338-3555(代) **팩스** 02) 338-3545 | **E-mail** saramin@netsgo.com
Website www.saramin.com

책값은 뒤표지에 있습니다.
파본은 바꾸어 드립니다.
ⓒ 최승한 2023

ISBN 979-11-7101-013-4 64710
　　　979-11-7101-010-3 (set)

어린이제품안전특별법에 의한 제품표시	
제조자명 사람in	**전화번호** 02-338-3555
제조국명 대한민국	**주　소** 서울시 마포구 양화로
사용연령 5세 이상 어린이 제품	11길 14-10 3층

우아한 지적만보, 기민한 실사구시 **사람in**

매일 위대해지는 글쓰기

 초등 3 단계

쓰
ㅁ

최승한 지음

사람in

머리말

"책은 잘 읽는데 글을 제대로 못 써요. 글쓰기가 너무 어려운 것 같아요. 글을 잘 쓰려면 어떻게 해야 할까요?"

많은 아이가 글쓰기를 어려워합니다. 공부를 잘하는 아이도 글은 제대로 쓰기 어렵다며 볼멘소리를 냅니다. 왜일까요? 왜 이렇게 글쓰기가 어려울까요? 이유는 당연합니다. '듣기·말하기·읽기·쓰기' 가운데 쓰기를 가장 늦게 배우고 배울 시간도 다른 영역에 비해 현저히 부족하기 때문입니다.

아이는 배 속에 있을 때부터 부모의 말을 듣습니다. 또, 많은 부모가 아이에게 책을 읽어 줌으로써 아이는 읽기를 시작합니다. 하지만 쓰기는 그렇지 않습니다. 쓰기는 일단 어느 정도 아이의 성장이 이루어진 다음에야 시작됩니다. 아이가 연필을 잡을 힘이 있어야 하고, 글자를 또박또박 쓰려면 미세한 근육 발달이 이루어져야 합니다. 낱자, 낱말, 구, 절, 문장, 문단, 글까지 쓰는 과정은 꽤 오랜 시간이 걸립니다.

하지만 많은 부모가 '아이가 말을 하는 만큼만 글을 쓰면 될 것 같은데'라는 생각을 합니다. 배운 시간이 부족하기 때문에 못하는 게 당연한데 '말'처럼 잘하라는 부모의 생각은 이치에 닿지 않습니다. 말과 쓰기는 다르기 때문입니다.

쓰기는 듣기·말하기·읽기처럼 시간과 노력이 필요한 학문입니다. 보통 쓰기를 시작하는 나이는 '빠르면 5·6세, 늦으면 8세 정도'입니다. 아이가 쓰기를 시작할 때 보통 6~7년의 시간 동안 듣기, 말하기, 읽기를 이미 연습했다고 보면 됩니다. 그러므로 쓰기에 어느 정도 실력이 쌓이려면 듣기, 말하기, 읽기를 한 시간만큼, 아니 그보다 더 오랜 시간 연습이 필요합니다.

이 교재는 아이가 쓰기를 꾸준히 연습하도록 만들어졌습니다.

요즘 '아이가 매일 글을 쓸 수 있도록 돕는 책'이 많이 나왔습니다. 하지만 글쓰기도 체계적인 연습이 필요합니다. 글쓰기의 체계를 배우며 꾸준히 쓴다면 더 빠른 쓰기 능력의 성장이 가능합니다.

이 책을 매일 2쪽에서 4쪽씩 꾸준히 연습하고, 글쓰기의 재미를 알아 가다 보면 우리가 흔히 말하는 어떤 장르의 글이든 쓸 수 있는 실력을 갖출 수 있습니다. 이 책을 통해 쓰기의 기초를 잡고 올바르고 재미있는 쓰기를 해 나가기 바랍니다.

최승한

차례

머리말	4
구성 및 특징	8
학습 체크	9

1단원 재미있게 쓰기

01	낱말 바꾸어서 재미있는 문장 만들기 (1)	12
02	낱말 바꾸어서 재미있는 문장 만들기 (2)	14
03	꾸밈말을 넣어서 재미있는 문장 만들기	16
04	여러 가지 방법으로 이어 쓰기 (1)	18
05	여러 가지 방법으로 이어 쓰기 (2)	20
06	이어 주는 말을 넣어 세 문장 쓰기	22
07	오감으로 표현하기	24
08	오감을 활용한 표현을 넣어 세 문장 쓰기	26
09	오감을 활용한 표현을 넣어 글쓰기	28

2단원 바르게 문단 쓰기

01	문단 알기 (1)	32
02	문단 알기 (2)	34
03	문단 쓰기	36
04	여러 가지 주제로 문단 구성하기 (1) – 병	38
05	여러 가지 주제로 문단 구성하기 (2) – 악기	40
06	여러 가지 주제로 문단 구성하기 (3) – 우주	42
07	여러 가지 주제로 문단 구성하기 (4) – 신체	44
08	여러 가지 주제로 문단 구성하기 (5) – 신발	46
09	높임법 알기	48

3단원 국어사전 활용하기

01	국어사전에서 낱말 찾기 (1)	54
02	국어사전에서 낱말 찾기 (2)	56
03	국어사전에서 낱말 찾기 (3)	58
04	사전을 활용한 주제별 글쓰기 (1) – 여름방학	60
05	사전을 활용한 주제별 글쓰기 (2) – 자동차	62
06	사전을 활용한 주제별 글쓰기 (3) – 꽃	64
07	사전을 활용한 주제별 글쓰기 (4) – 운동회	66
08	사전을 활용한 주제별 글쓰기 (5) – 음료수	68

4단원 원고지 쓰기

- 01 가운뎃점, 쌍점, 줄임표 쓰기 … 72
- 02 괄호, 붙임표, 물결표 쓰기 … 74
- 03 원고지에 여러 가지 문장 부호 쓰기 … 76
- 04 원고지에 숫자와 영어 쓰기 … 78
- 05 원고지 규칙 정리하고 필사하기 … 80

5단원 장르 및 목적에 따라 글쓰기 (1)

- 01 일기 쓰기 … 86
- 02 생활문 쓰기 (1) – 겪은 일 떠올리기 … 90
- 03 생활문 쓰기 (2) – 쓸 내용 구체적으로 정리하기 … 92
- 04 편지 쓰기 (1) – 편지의 형식 … 96
- 05 편지 쓰기 (2) – 편지의 종류 … 98
- 06 감상문 쓰기 – 재미있게 본 장면 찾기 … 102

6단원 장르 및 목적에 따라 글쓰기 (2)

- 01 문단의 짜임 알고 쓰기 … 108
- 02 설명하는 글 (1) – 메모하기 … 112
- 03 설명하는 글 (2) – 글 읽고 내용 간추리는 방법 알기 … 114
- 04 설명하는 글 (3) – 글을 읽고 내용 간추리기 … 116
- 05 설명하는 글 (4) – 자신이 읽은 책 소개하기 … 118
- 06 설득하는 글 (1) – 의견의 뜻을 알고 올바르게 적기 … 120
- 07 설득하는 글 (2) – 글쓴이의 의견과 까닭 파악하기 … 122
- 08 설득하는 글 (3) – 의견이 드러나는 글쓰기 … 124

7단원 여러 가지 글 익히기

- 01 브레인스토밍 … 128
- 02 마인드맵 그리기 … 130
- 03 개요 짜기 … 134
- 04 독서 감상문 쓰기 (1) – 동기 … 136
- 05 독서 감상문 쓰기 (2) – 인상 깊은 부분 표현하기 … 140
- 06 교과서 글쓰기 (1) – 나눗셈 문제 만들기 … 144
- 07 교과서 글쓰기 (2) – 지표의 변화 … 148

답안 가이드 … 153

구성 및 특징

이 책은 이렇게

〈매일 위대해지는 글쓰기 씀〉을 통해 글쓰기의 기초를 차근차근 알고 단계별로 제대로 된 여러 종류의 글쓰기를 해 볼 수 있습니다.

이것을 배워요!

해당 단원에서 어떤 내용을 배우는지 간단히 정리합니다.

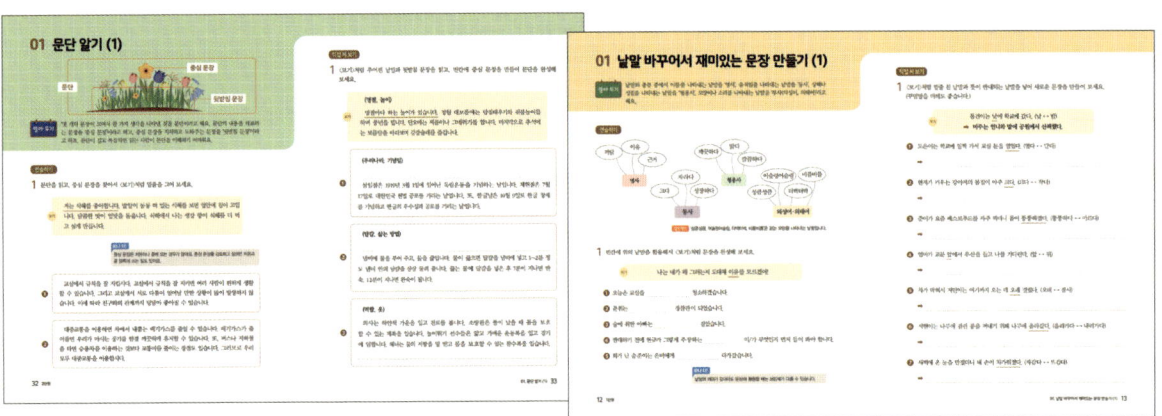

본격 글쓰기 연습

낱말부터 문장과 문단까지 다양한 종류의 글쓰기를 '연습하기'와 '직접 써 보기' 코너를 통해 차근차근 연습합니다.

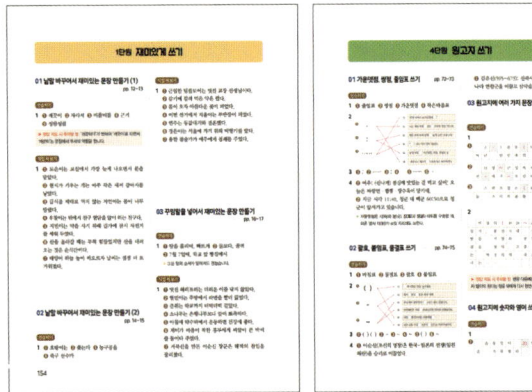

답안 가이드

문제의 정답과 예시 답안을 제공합니다. 부모님이 지도할 때 참고할 내용도 함께 실었습니다.

학습 체크

 오늘은 여기까지

각각의 내용을 언제 연습했는지 표시하면서 한 권을 제대로 끝내 보세요!

1단원

유닛	날짜	확인
01	___월 ___일	
02	___월 ___일	
03	___월 ___일	
04	___월 ___일	
05	___월 ___일	
06	___월 ___일	
07	___월 ___일	
08	___월 ___일	
09	___월 ___일	

2단원

유닛	날짜	확인
01	___월 ___일	
02	___월 ___일	
03	___월 ___일	
04	___월 ___일	
05	___월 ___일	
06	___월 ___일	
07	___월 ___일	
08	___월 ___일	
09	___월 ___일	

3단원

유닛	날짜	확인
01	___월 ___일	
02	___월 ___일	
03	___월 ___일	
04	___월 ___일	
05	___월 ___일	
06	___월 ___일	
07	___월 ___일	
08	___월 ___일	

4단원

유닛	날짜	확인
01	___월 ___일	
02	___월 ___일	
03	___월 ___일	
04	___월 ___일	
05	___월 ___일	

5단원

유닛	날짜	확인
01	___월 ___일	
02	___월 ___일	
03	___월 ___일	

6단원

유닛	날짜	확인
01	___월 ___일	
02	___월 ___일	
03	___월 ___일	
04	___월 ___일	
05	___월 ___일	
06	___월 ___일	
07	___월 ___일	
08	___월 ___일	

7단원

유닛	날짜	확인
01	___월 ___일	
02	___월 ___일	
03	___월 ___일	
04	___월 ___일	
05	___월 ___일	
06	___월 ___일	
07	___월 ___일	

1단원

재미있게 쓰기

이것을 배워요!

쓰기에 흥미를 가질 수 있는 여러 가지 재미있는 활동을 통해 1단계와 2단계에서 배운 문장 표현의 기본을 다시 한번 살펴보려고 해요. '낱말 → 문장 → 문단 → 글'이라는 큰 틀에서 낱말을 바꾸거나 꾸밈말을 첨가하는 활동, 여러 가지 방법으로 이어 쓰는 활동, 간단히 세 문장을 쓰는 활동을 해 봐요. 여기에 더해 감각 기관(눈, 귀, 코, 혀, 피부)을 통해 들어오는 정보를 문장으로 나타내는 활동은 생동감 있는 표현을 좀 더 배울 수 있는 기회가 될 거예요.

01 낱말 바꾸어서 재미있는 문장 만들기 (1)

알아 두기 낱말의 종류 중에서 이름을 나타내는 낱말을 '명사', 움직임을 나타내는 낱말을 '동사', 상태나 성질을 나타내는 낱말을 '형용사', 모양이나 소리를 나타내는 낱말을 '부사(의성어, 의태어)'라고 해요.

연습하기

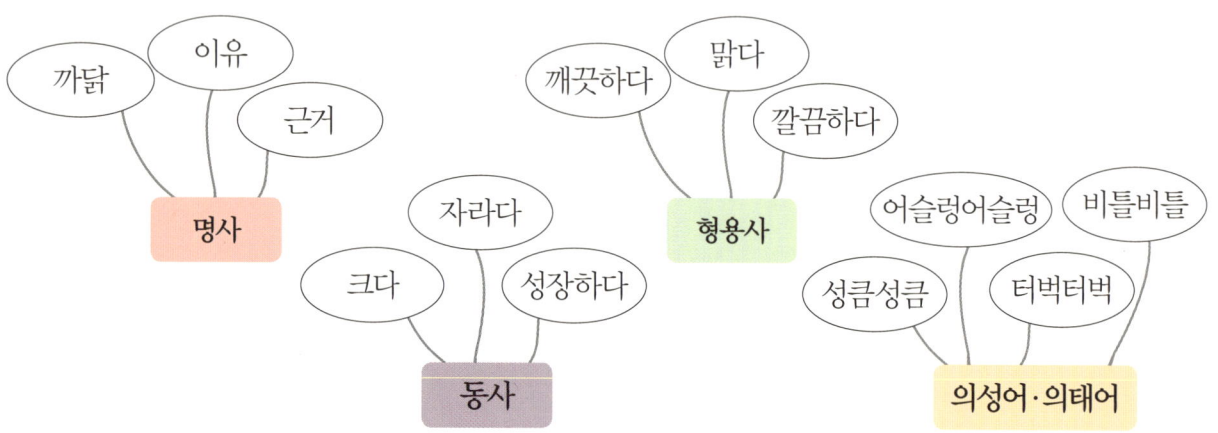

잠깐만!! '성큼성큼, 어슬렁어슬렁, 터벅터벅, 비틀비틀'은 걷는 모양을 나타내는 낱말입니다.

1 빈칸에 위의 낱말을 활용해서 〈보기〉처럼 문장을 완성해 보세요.

> **보기** 나는 네가 왜 그러는지 도대체 <u>이유</u>를 모르겠어!

❶ 오늘은 교실을 _____ 청소하겠습니다.

❷ 준휘는 _____ 경찰관이 되었습니다.

❸ 술에 취한 아빠는 _____ 걸었습니다.

❹ 반대하기 전에 현규가 그렇게 주장하는 _____ 이/가 무엇인지 먼저 들어 봐야 합니다.

❺ 화가 난 승준이는 은비에게 _____ 다가갔습니다.

하나 더! 낱말의 의미가 같더라도 문장에 활용할 때는 쓰임새가 다를 수 있습니다.

직접 써 보기

1 〈보기〉처럼 밑줄 친 낱말과 뜻이 반대되는 낱말을 넣어 새로운 문장을 만들어 보세요.
(꾸밈말을 더해도 좋습니다.)

> 보기
> 동건이는 <u>낮</u>에 학교에 갔다. (낮 ↔ 밤)
> ➡ 미주는 언니와 밤에 공원에서 산책했다.

❶ 도은이는 학교에 일찍 가서 교실 문을 <u>열었다</u>. (열다 ↔ 닫다)

➡ _____

❷ 현지가 키우는 강아지의 몸집이 아주 <u>크다</u>. (크다 ↔ 작다)

➡ _____

❸ 준이가 요즘 패스트푸드를 자주 먹더니 몸이 <u>뚱뚱해졌다</u>. (뚱뚱하다 ↔ 마르다)

➡ _____

❹ 엄마가 교문 <u>앞</u>에서 우산을 들고 나를 기다린다. (앞 ↔ 뒤)

➡ _____

❺ 차가 막혀서 지민이는 여기까지 오는 데 <u>오래</u> 걸렸다. (오래 ↔ 잠시)

➡ _____

❻ 서현이는 나무에 걸린 공을 꺼내기 위해 나무에 <u>올라갔다</u>. (올라가다 ↔ 내려가다)

➡ _____

❼ 새벽에 온 눈을 만졌더니 내 손이 <u>차가워졌다</u>. (차갑다 ↔ 뜨겁다)

➡ _____

02 낱말 바꾸어서 재미있는 문장 만들기 (2)

알아 두기 문장에서 낱말은 주어, 서술어, 목적어, 보어 등의 역할을 맡아요. '나는 책을 읽었다.'라는 문장에서 〈나는〉은 주어, 〈읽었다〉는 서술어, 〈책을〉은 목적어예요. 또, '나는 나비가 되었다. 나는 나비가 아니다.'라는 문장의 〈나비가〉처럼 무엇이 '되는지, 아닌지' 알려 주는 낱말을 보어라고 해요. 문장에서 낱말이 하는 역할을 알고 재미있는 문장을 만들어 봐요.

연습하기

1 그림을 보고, 밑줄 친 낱말을 〈보기〉에 있는 다른 낱말로 바꾸어 써 보세요.

> 보기
> 농구 선수가, 쫓는다, 벌써, 호랑이는, 농구공을,
> 축구 선수가, 곰은, 축구공을, 달린다

1
혜원이는 건강하다.
➡ _____ 건강하다.

2
경찰관이 도둑을 <u>부른다</u>.
➡ 경찰관이 도둑을 _____.

3
승준이가 윤서에게 <u>책을</u> 던졌다.
➡ 승준이가 윤서에게 _____ 던졌다.

4
홍민이는 유명한 <u>야구 선수가</u> 되었다.
➡ 홍민이는 유명한 _____ 되었다.

직접 써 보기

1 〈보기〉처럼 문장의 구성에 맞게, 제시된 문장을 자유롭게 바꾸어 새로운 문장을 만들어 보세요. (꾸밈말을 더해도 좋습니다.)

> **보기**
> 엄마가 태흠이의 알림장을 읽었다. (무엇이 무엇을 어찌하다)
> ➡ **도깨비가 놀부의 편지를 찢었다.**

❶ 귀여운 해리포터는 멋진 마법사다. (무엇이 무엇이다)

➡ ....

❷ 어제 먹은 콜라가 시원했다. (무엇이 어떠하다)

➡ ....

❸ 집에 온 은상이는 굼벵이처럼 느렸다. (무엇이 어찌하다)

➡ ....

❹ 키 작은 난쟁이가 거인이 되었다. (무엇이 무엇이 되다/아니다)

➡ ....

❺ 넓은 바다는 높은 산과 다르다. (무엇이 무엇과 어떠하다/어찌하다)

➡ ....

❻ 바쁜 태흠이가 택시를 급히 탔다. (무엇이 무엇을 어찌하다)

➡ ....

❼ 가난한 은상이가 부유한 현채에게 돈을 갚았다. (무엇이 무엇에(게) 무엇을 어찌하다)

➡ ....

03 꾸밈말을 넣어서 재미있는 문장 만들기

알아 두기 꾸밈말에는 주어나 목적어를 꾸며 주는 '어떤, 무엇이 어떠한, 무엇이 어찌한' 등이 있고, 서술어를 꾸며 주는 '어떻게, 소리나 모양을 흉내 내는 말, 무엇보다/누구보다, 언제, 어디에서' 등이 있어요.

연습하기

1 주어진 꾸밈말을 넣어 그림의 상황에 어울리는 문장을 〈보기〉처럼 완성해 보세요.

보기

(시원한, 재미있게)
➡ 아이가 <u>시원한</u> 해수욕을 <u>재미있게</u> 즐기고 있습니다.

1

(땀을 흘리며, 빠르게)
➡ 희민이는 _____ 팽이를 _____ 돌렸습니다.

2

(물보다, 꿀꺽)
➡ 주현이는 _____ 차가운 콜라를 _____ 마셨습니다.

3
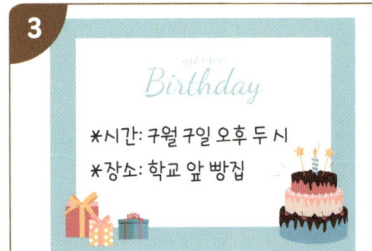
(7월 7일에, 학교 앞 빵집에서)
➡ 지웅이는 _____ 생일 파티를 _____ 합니다.

직접 써 보기

1 문장의 알맞은 위치에 꾸밈말을 넣어 〈보기〉처럼 재미있는 문장을 만들어 보세요.
(여러 개의 꾸밈말을 넣어도 됩니다.)

> 보기
> 우리 가족은 제주도를 여행하고 왔다. (어떤)
> → 화목한 우리 가족은 아름다운 제주도를 여행하고 왔다.

❶ 해리포터는 이를 닦지 않았다. (어떤)

→ _____

❷ 현민이는 주방에서 라면을 끓였다. (어떻게)

→ _____

❸ 준휘는 학교까지 걸었다. (소리나 모양을 흉내 내는 말)

→ _____

❹ 소나무는 잎이 뾰족하다. (무엇보다/누구보다)

→ _____

❺ 운동하면 건강에 좋다. (언제) (어디에서)

→ _____

❻ 제비가 흥부에게 박씨를 물어다 주었다. (무엇이 어떠한)

→ _____

❼ 이순신 장군은 왜적의 침입을 물리쳤다. (무엇을 어찌한)

→ _____

04 여러 가지 방법으로 이어 쓰기 (1)

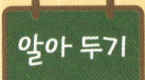 이어 주는 말에는 앞의 내용을 이어받아 연결하는 '그리고, 또', 앞의 내용과 반대되는 내용을 연결하는 '그러나, 하지만', 앞뒤 문장을 원인과 결과로 연결하는 '그래서, 왜냐하면' 등이 있어요.

연습하기

1 〈보기〉에서 이어 주는 말을 골라 네모 안에 써넣고, 이어지는 문장을 완성해 보세요.

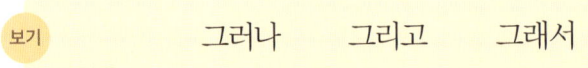
보기: 그러나   그리고   그래서

교실에서 소리를 지르지 않아야 합니다. _____.

서준이는 독서를 좋아합니다. _____.

아버지께서 낚시를 했습니다. _____.

직접 써 보기

1 〈보기〉처럼 문장이 자연스럽게 이어지지 않는 부분을 찾아 밑줄을 긋고, 올바르게 고쳐 주세요. (이어 주는 말은 바꾸지 않습니다.)

> 보기
> 지애는 급식실에서 줄을 섰다. 그리고 <u>강빈이는 급식실에서 신나게 뛰었다.</u>
> ➡ 그리고 강빈이도 급식실에서 줄을 섰다.

❶ 식사할 때 손을 깨끗이 씻어야 합니다. 왜냐하면 손을 씻으면 밥이 맛없기 때문입니다.

➡ _____

❷ 동물원에서 판다가 나에게 뒤뚱뒤뚱 걸어왔습니다. 그래서 나는 동물원에서 북극곰을 보고 싶습니다.

➡ _____

❸ 섬에 천둥이 치고 바람이 강하게 불었습니다. 또 섬은 아무 일 없다는 듯이 잠잠했습니다.

➡ _____

❹ 시장에서 매운 떡볶이를 사다가 엄마와 함께 먹었습니다. 그러나 엄마는 매운 음식을 좋아하기 때문입니다.

➡ _____

05 여러 가지 방법으로 이어 쓰기 (2)

> **알아 두기** 앞의 내용과 다른 내용을 연결하는 '그런데', 앞 문장이 뒤 문장의 조건이 될 때 쓰이는 '그러면', 앞 내용에 새로운 내용을 덧붙이거나 보충하는 '더구나, 게다가'와 같은 이어 주는 말도 있어요.

연습하기

1 〈보기〉에서 이어 주는 말을 골라 네모 안에 써넣고, 이어지는 문장을 완성해 보세요.

보기   게다가   그런데   그러면

한때 공룡은 지구에서 번성한 생물이었습니다.

함께 쓰레기 분리수거를 합시다.

점심에 현민이는 짜장면과 짬뽕을 먹었습니다.

직접 써 보기

1 〈보기〉처럼 제시된 정보를 보고, 이어 주는 말을 활용해 두 문장을 완성해 보세요.

보기

상황 산골에 폭설이 내림   **보충** 도로가 미끄러움   **이어 주는 말** 더구나

➡ 산골에 폭설이 내렸습니다. 더구나 도로가 미끄러워서 차가 다닐 수 없습니다.

❶
상황 체육 시간에 발이 접질림   **보충** 발이 아파서 병원에 갈 수 없음
이어 주는 말 그런데

➡ 체육 시간에 실수로 발이 접질렸습니다. _____

_____

❷
조건 종이비행기를 만들 때 접는 부분을 꾹 눌러 접어야 함
결과 잘 뜨는 종이비행기를 만들 수 있음   **이어 주는 말** 그러면

➡ 종이비행기를 만들 때 종이의 접는 부분을 꽉꽉 눌러서 접으세요. _____

_____

❸
상황 화가 난 헐크가 도시를 쑥대밭으로 만듦
보충 막으러 온 스파이더맨을 때려눕힘   **이어 주는 말** 게다가

➡ _____

_____

❹
조건 교실에서 친구에게 배려하는 행동을 함
결과 교우관계와 기분이 좋아짐   **이어 주는 말** 그러면

➡ _____

_____

06 이어 주는 말을 넣어 세 문장 쓰기

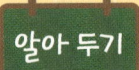 예를 들어 쓰기, 빗대어 쓰기, 비교·대조하여 쓰기, 원인과 결과로 쓰기, 다음에 일어난 일 쓰기, 전체와 부분으로 쓰기, 문제와 해결로 쓰기 등 여러 가지 이어 쓰는 방법이 있어요. 여기서는 이어 쓰는 방법에 따라 앞에서 배운 '이어 주는 말'을 넣어 세 문장을 완성해 봐요.

연습하기

1 〈보기〉처럼 질문에 대한 답을 하며, 이어 주는 말에 어울리는 문장을 완성해 보세요.

보기
㉠ 병원에 가는 이유는 무엇일까요?
㉡ 사람이 걸리는 '질병'에는 무엇이 있을까요?
㉢ 병에 걸리지 않으려면 어떻게 해야 할까요?

➡ ㉠ 사람들은 병을 치료하기 위해 병원에 갑니다. ㉡ **(예를 들어 쓰기)** <u>예를 들면, 감기나 비염 등을 치료하기 위해서 그곳에 들릅니다.</u> ㉢ 이런 병에 걸리지 않으려면 <u>규칙적인 운동을 하고, 손을 깨끗이 씻어야 합니다.</u>

❶
㉠ 운동회에서 무엇을 했나요?   ㉡ 운동회에서 또 무엇을 했나요?
㉢ 운동회를 할 때의 마음은 어떠했나요?

➡ ㉠ 운동회에서 콩 주머니로 박 터트리기를 했다. ㉡ 그리고 _____. ㉢ **(빗대어 쓰기)** 운동회를 할 때 나는 _____ 처럼 몸이 가벼웠다.

❷
㉠ 옛날에는 버스 요금을 어떻게 냈나요? ㉡ 현재는 버스 요금을 주로 어떻게 내나요?
㉢ 그렇게 변하게 된 까닭은 무엇일까요?

➡ ㉠ 옛날에는 버스 이용자가 직접 현금을 내면 기사가 거스름돈을 주었다. ㉡ _____. ㉢ **(원인과 결과로 쓰기)** 왜냐하면 _____.

3

㉠ 요리를 하기 전에 먼저 무엇을 해야 할까요?
㉡ 다음으로 요리를 하기 전에 무엇을 해야 할까요?
㉢ 이렇게 요리를 준비하면 어떤 점이 좋을까요?

➡ ㉠ _____.
㉡ **(다음에 일어난 일 쓰기)** 머릿수건과 앞치마를 단정히 착용하고, 그릇을 깨끗이 씻습니다. ㉢ 그러면 _____.

4

㉠ 나무는 어떻게 이루어져 있나요?
㉡ 나무가 살아가기 위해 무엇이 필요할까요?
㉢ 비가 오지 않거나 햇빛이 비추지 않으면 나무는 어떻게 될까요?

➡ ㉠ **(전체와 부분으로 쓰기)** 나무는 뿌리, _____ 등으로 이루어져 있다. ㉡ _____.
㉢ 그런데 _____.

> **하나 더!**
> 여기서는 전체와 부분 관계에 상하 관계가 포함되어 있습니다.

5

㉠ 갑자기 배가 아팠던 적은 언제였나요?
㉡ 그때 어떻게 행동했나요?
㉢ 그렇게 한 이유는 무엇인가요?

➡ ㉠ _____.
㉡ **(문제와 해결로 쓰기)** _____.
㉢ 왜냐하면 _____.

07 오감으로 표현하기

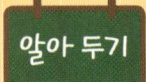 몸의 눈, 귀, 코, 혀, 피부 등으로 우리는 여러 가지 자극을 느낄 수 있어요. 이러한 오감(시각, 청각, 후각, 미각, 촉각)을 통해 느낀 생각을 자유롭게 표현할 수 있어야 더 좋은 글을 쓸 수 있어요.

연습하기

1 각각의 감각에 맞는 표현을 〈보기〉에서 찾아 써 보세요.

 쏴아아 소나기 내리는 소리   따뜻한 엄마의 품속   바다에서 소금 냄새가 풍긴다.
울긋불긋 단풍이 아름답다.   약이 엄청나게 썼다.

❶ 시각	• 멀리서 엄마가 손을 흔들었다. • _____	• 바람결에 일렁이는 들판 • 무지개 빛깔을 가진 물고기
❷ 청각	• 철썩철썩, 멀리서 파도가 쳤다. • _____	• 뽀드득뽀드득 눈 밟는 소리 • 사방이 고요했다.
❸ 후각	• 빵집에서 고소한 냄새가 났다. • _____	• 코끝을 때리는 향수 냄새 • 구수한 된장찌개 냄새
❹ 미각	• 새콤달콤한 레몬을 한 입 베어 먹었다. • _____	• 달콤한 케이크 • 맵고 짠 불닭볶음면
❺ 촉각	• 푹신한 소파에 앉았다. • _____	• 얼음같이 시원한 콜라 • 그의 손은 거칠었다.

직접 써 보기

1 제시된 낱말을 〈보기〉와 같이 오감을 활용해 표현해 보세요.

보기	👁 영화가 끝나자 관객들은 닭똥 같은 눈물을 흘렸다.	👂 웅장한 음악 소리가 가슴을 때렸다.	👃 고소하고 짭짤한 팝콘 냄새가 군침을 돌게 했다.
	👅 시원하면서 톡 쏘는 콜라가 영화의 맛을 더해 주었다.	**영화**	✋ 영화의 결말이 소름을 돋게 했다.

❶

👁 빨갛고 도톰한 딸기가 먹음직스럽게 보인다.	👂	👃 딸기에서 싱싱한 내음이 난다.
👅	**딸기**	✋

❷

👁	👂 난쟁이가 뽀득뽀득 깨끗이 그릇을 닦았다.	👃
👅	**백설공주**	✋ 독사과를 먹은 백설공주의 손이 차가워졌다.

❸

👁	👂 으르렁거리는 호랑이의 울음소리에 겁을 먹었다.	👃
👅 호랑이가 맛이 독특한 두리안을 맛있게 먹었다.	**호랑이**	✋

08 오감을 활용한 표현을 넣어 세 문장 쓰기

연습하기

1 〈보기〉에 제시된 오감 표현을 활용하여 질문의 답을 써 보세요.

보기		
	시각	빨갛다, 동그랗다, 개미만큼 작다, 누르스름하다, 줄무늬가 있다
	청각	바삭바삭, 푸드덕, 톡톡, 오독오독, 아삭아삭, 좌르르
	후각	달콤한 향기, 풀 냄새, 바다 냄새, 방귀 냄새, 향긋하다, 고소한 냄새
	미각	달다, 시다, 쓰다, 밍밍하다, 싱겁다, 짜다, 맵다, 새콤하다, 담백하다
	촉각	꺼칠하다, 부드럽다, 매끈하다, 끈적하다, 따갑다

❶ ㉠ **시각** 겨울을 생각하면 떠오르는 장면이 있나요?
　㉡ **청각** 겨울에 내리는 눈은 어떤 소리가 날까요?
　㉢ **미각** 겨울에 내리는 눈의 맛은 어떨까요?

➡ ㉠ 겨울을 생각하면 ___개미만큼 작은___ 싸라기눈이 떠오른다. ㉡ 겨울 눈은 _____ .

㉢ 쌓인 눈을 손으로 콕 찍어 먹으면 ___밍밍한___ 맛이 난다.

❷ ㉠ **후각** 자신이 가장 좋아하는 음식의 향기는 어떤가요?
　㉡ **촉각** 그 음식의 재료를 만지면 어떤 느낌이 나나요?
　㉢ **미각** 그 음식을 먹으면 어떤 맛이 나나요?

➡ ㉠ 내가 가장 좋아하는 회는 _____가 향긋하게 퍼져 나온다. ㉡ 물고기를 손으로 만지면 _____. ㉢ 광어회를 그냥 먹으면 _____ 맛을, 초장을 찍으면 _____ 맛을, 간장을 찍으면 _____ 맛을 느낄 수 있다.

직접 써 보기

1 지시문에 대한 답을 오감을 활용하여 쓰고, 글을 완성해 보세요.

❶ ㉠ **시각**　밤을 생각하면 떠오르는 장면을 써 보세요.
　㉡ **청각**　떠오르는 장면에서 들리는 소리를 상상해서 써 보세요.
　㉢ **후각**　떠오르는 장면에서 풍기는 냄새를 상상해서 써 보세요.

➡ ㉠ 밤에 하늘을 올려다보면 반짝반짝 빛나는 별을 볼 수 있다. ㉡ _____ ㉢ _____
_____

❷ ㉠ **시각**　가장 좋아하는 과일의 모양, 색깔을 써 보세요.
　㉡ **미각**　그 과일을 먹으면 어떤 맛이 나는지 써 보세요.
　㉢ **촉각**　그 과일을 만지면 어떤 느낌이 드는지 써 보세요.

➡ ㉠ 내가 가장 좋아하는 바나나는 길쭉한 모양에 노란 색깔을 가지고 있다. ㉡ ___
_____ ㉢ _____
_____

❸ ㉠ **시각**　자신과 가장 친한 친구의 모습을 써 보세요.
　㉡ **후각**　그 친구를 떠올리면 생각나는 냄새를 써 보세요.
　㉢ **청각**　그 친구가 나타나면 들리는 소리를 써 보세요.

➡ ㉠ _____
㉡ _____
㉢ _____

09 오감을 활용한 표현을 넣어 글쓰기

연습하기

1 다음 그림을 보고, 제시된 낱말을 활용해 빈칸에 알맞은 말을 채워 보세요.

시각	상큼하다
촉각	거칠다
후각	청량하다
미각	시원하다, 쓰다
청각	우르르 쾅쾅

풀잎에서 아침 __이슬이__ 떨어진다.

_____ 이슬이 숲에서 _____ 냄새를 풍긴다.

아침부터 노루가 이슬 묻은 옹달샘에서 _____.

_____, 천둥소리가 난다.

노루도, 이슬도 모두 도망갔다.

__포클레인이__ 숲을 판다.

포클레인 기사가 _____ 담배 맛을 보며

_____ 흙을 파고 있다.

_____ 냄새와 _____ 물맛은 모두 사라졌다.

직접 써 보기

1 인상 깊었던 일을 떠올려 보고, 그 일에서 오감을 통해 느꼈던 생각을 〈보기〉처럼 '구나 문장'으로 써 보세요.

보기		<나의 경험>	
인상 깊었던 일	봄에 소풍을 가서 맛있는 도시락을 먹었던 일	인상 깊었던 일	
시각	화려한 벚꽃이 핀 숲	시각	
청각	신난 친구들의 왁자지껄한 목소리	청각	
후각	코끝을 간질이는 꽃 내음	후각	
미각	달콤한 사탕 하나를 빨면서 가는 즐거운 소풍	미각	
촉각	꺼끌꺼끌하지만 보드라운 풀에 앉아서 먹는 맛있는 도시락	촉각	

2 위에 적은 것을 토대로 '인상 깊었던 일'에 대해 〈보기〉처럼 글을 써 보세요.

보기

소풍

화려한 벚꽃이 핀 숲으로 즐거운 소풍을 갔어요.
신이 난 친구들의 왁자지껄한 소리와 코끝을
간질이는 꽃 내음이 기분을 더 좋게 만들었죠.
달콤한 사탕 하나를 빨면서 즐거운 발걸음을
옮겼어요.
꺼끌꺼끌하지만 보드라운 풀밭에서
맛있는 도시락을 먹으며 재미있는
시간을 보냈죠.

2단원

바르게 문단 쓰기

이것을 배워요!

'문단'은 사전적 의미로 '긴 글을 내용에 따라 나눌 때, 하나하나의 짧은 이야기 토막'을 말해요. 보통 글을 읽다가 그 뒤가 끊어져서 다음 줄로 넘어갈 때 새로운 문단이 시작한다고 보면 되지요. 문단이 중요한 이유는 자기 생각을 구체적으로 실현하는 단위이기 때문이에요. 읽는 사람이 내 생각을 정확하게 파악할 수 있도록 중심 문장과 뒷받침 문장을 알고, 그 짜임을 생각하며 글을 써야 해요.

이번 단원에서는 '중심 문장과 뒷받침 문장'의 짜임을 갖춘 문단을 써 보려고 해요. 이를 위해서 문단의 특징을 알아보고 직접 여러 가지 주제로 문단을 써 볼 거예요. 또, 다양한 상황에서 높임 표현을 사용하여 언어 예절에 맞게 글을 쓰는 시간을 가지기로 해요.

01 문단 알기 (1)

알아 두기 '몇 개의 문장이 모여서 한 가지 생각을 나타낸 것'을 문단이라고 해요. 문단의 내용을 대표하는 문장을 '중심 문장'이라고 하고, 중심 문장을 지지하고 도와주는 문장을 '뒷받침 문장'이라고 하죠. 문단이 길고 복잡하면 읽는 사람이 문단을 이해하기 어려워요.

연습하기

1 문단을 읽고, 중심 문장을 찾아서 〈보기〉처럼 밑줄을 그어 보세요.

> 보기
> <u>저는 식혜를 좋아합니다.</u> 밥알이 동동 떠 있는 식혜를 보면 입안에 침이 고입니다. 달콤한 맛이 입맛을 돋웁니다. 식혜에서 나는 생강 향이 식혜를 더 먹고 싶게 만듭니다.

하나 더!
중심 문장은 처음이나 끝에 오는 경우가 많아요. 중심 문장을 강조하고 싶으면 처음과 끝 양쪽에 쓸 때도 있어요.

❶ 교실에서 규칙을 잘 지킵시다. 교실에서 규칙을 잘 지키면 여러 사람이 편하게 생활할 수 있습니다. 그리고 교실에서 서로 다툼이 일어날 만한 상황이 많이 발생하지 않습니다. 이에 따라 친구와의 관계까지 덩달아 좋아질 수 있습니다.

❷ 대중교통을 이용하면 차에서 내뿜는 배기가스를 줄일 수 있습니다. 배기가스가 줄어들면 우리가 마시는 공기를 한결 깨끗하게 유지할 수 있습니다. 또, 버스나 지하철을 타면 승용차를 이용하는 것보다 교통비를 줄이는 장점도 있습니다. 그러므로 우리 모두 대중교통을 이용합시다.

직접 써 보기

1 〈보기〉처럼 주어진 낱말과 뒷받침 문장을 읽고, 빈칸에 중심 문장을 만들어 문단을 완성해 보세요.

보기

(명절, 놀이)

<u>명절마다 하는 놀이가 있습니다.</u> 정월 대보름에는 달집태우기와 쥐불놀이를 하며 풍년을 빕니다. 단오에는 씨름이나 그네뛰기를 합니다. 마지막으로 추석에는 보름달을 바라보며 강강술래를 즐깁니다.

❶
(우리나라, 기념일)

삼일절은 1919년 3월 1일에 일어난 독립운동을 기념하는 날입니다. 제헌절은 7월 17일로 대한민국 헌법 공포를 기리는 날입니다. 또, 한글날은 10월 9일로 한글 창제를 기념하고 한글의 우수성과 공로를 기리는 날입니다.

❷
(달걀, 삶는 방법)

냄비에 물을 부어 주고, 물을 끓입니다. 물이 끓으면 달걀을 냄비에 넣고 1~2분 정도 냄비 안의 달걀을 살살 굴려 줍니다. 끓는 물에 달걀을 넣은 후 7분이 지나면 반숙, 12분이 지나면 완숙이 됩니다.

❸
(역할, 옷)

의사는 하얀색 가운을 입고 진료를 봅니다. 소방관은 불이 났을 때 몸을 보호할 수 있는 제복을 입습니다. 높이뛰기 선수들은 얇고 가벼운 운동복을 입고 경기에 임합니다. 해녀는 물의 저항을 덜 받고 몸을 보호할 수 있는 잠수복을 입습니다.

----

02 문단 알기 (2)

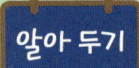 한 문단 이상일 때 각 문단은 줄 바꾸기를 한 다음 한 칸 들여 써서 시작해요. 왜냐하면 읽는 사람이 문단을 구분하기 편하게 하기 위해서죠. 설명하는 대상·시간·장소·자신의 입장이나 논점·단계 등이 바뀔 때는 문단을 바꿔서 써야 해요.

연습하기

1 〈보기〉처럼 문단이 나뉘는 곳에 줄 바꿈표(⌐)를 넣고, 각 문단의 중심 문장을 찾아 밑줄 그어 보세요.

> **보기**
>
> <u>육식동물은 고기를 먹는 동물을 말합니다.</u> 대표적으로 호랑이, 사자, 곰, 독수리, 늑대, 악어 등이 있습니다. 육식동물은 열량이 높은 고기를 먹기 때문에 한번 사냥에 성공하면 오랜 시간 휴식을 취하는 편입니다. ⌐<u>초식동물은 식물을 섭취하는 동물을 말합니다.</u> 초식동물에는 코끼리, 코뿔소, 하마, 기린 등이 있습니다. 초식동물은 식물의 열량이 낮아서 온종일 풀을 뜯어 먹어야 몸을 지탱할 수 있습니다.
>
> *열량: 열에너지의 양. 보통 칼로리로 표시한다.

❶ 봄은 겨울이 지나고 날씨가 점점 따뜻해지는 계절을 말합니다. 일반적으로 3월부터 5월까지를 이야기하며 사계절 중 첫 번째 계절을 의미합니다. 봄에는 학생들이 학교에 입학하거나 처음 등교하고, 가족들이 꽃구경을 가기도 합니다. 봄에는 여러 가지 절기가 있습니다. 먼저 입춘은 봄의 시작이라는 의미이며 양력 2월 4일 전후를 말합니다. 춘분은 낮과 밤의 길이가 같아진다는 의미이며 양력으로 3월 21일 전후를 말합니다.

❷ 시장은 여러 가지 물건을 사고파는 일정한 장소를 말합니다. 일반적으로 시장의 길 양쪽에는 상점이 들어서고, 중간중간에 먹거리를 파는 노점이 있습니다. 시장에서는 보통 다양한 물건을 팔지만, 농산물이나 옷 등 특정한 물건만 파는 시장도 있습니다. 지역마다 유명한 시장이 있습니다. 서울에는 남대문시장과 동대문종합시장이 있고, 부산에는 자갈치시장과 국제시장이 있습니다. 또, 강원도에는 정선오일장과 속초 중앙시장이 있습니다.

❸ 배드민턴은 라켓으로 셔틀콕을 쳐서 네트 사이로 주고받는 게임입니다. 배드민턴은 혼자서 모든 코트를 감당해야 하는 단식 경기와 두 명이 함께 함께 코트에서 뛰는 복식 경기가 있습니다. 배드민턴을 잘하려면 순발력과 속도가 필요합니다. 반면, 테니스는 중앙의 네트를 넘어온 공이 땅에 두 번 튀기 전에 라켓을 이용하여 상대 진영으로 넘기는 게임입니다. 배드민턴과 마찬가지로 단식과 복식 경기가 있습니다. 테니스 경기에서는 체력과 속도가 필요하며 예절을 지키는 것을 중요하게 생각합니다.

❹ 1945년 8월 15일 대한민국은 광복을 맞이했습니다. 미국이 일본의 히로시마에 원자폭탄을 떨어뜨림으로써 무조건 항복을 받아 낸 것입니다. 이때 우리나라는 미국을 지지하는 남한과 소련을 지지하는 북한, 두 편으로 갈라져서 서로 자신의 의견이 맞다고 싸웠습니다. 결국 1950년 6월 25일 북한이 선전포고도 없이 남한을 기습하여 전쟁이 시작되었습니다. 6·25 전쟁은 유엔군, 중국 인민지원군 등이 참전한 국제전이었습니다. 이 전쟁으로 인해 현재까지 한반도는 한국과 북한 두 개의 나라로 갈라져 있습니다.

❺ 한국의 피겨스케이팅은 김연아 등장 전과 후로 나뉩니다. 김연아 등장 전 한국의 피겨스케이팅은 누구의 관심도 받지 못하는 불모지와 다름없었습니다. 그런 한국에서 김연아는 국내는 물론 해외까지 피겨스케이팅의 역사에 한 획을 긋는 놀라운 활약을 보여 주었습니다. 김연아는 데뷔부터 은퇴까지 세계 피겨 역사를 바꾸었습니다. 선수로 세계신기록을 11회 경신하였고, 출전하는 대회에서는 거의 모든 상을 휩쓸다시피 하였습니다. 특히 2009 세계선수권대회에서 여자 선수 최초로 200점을 돌파하면서 압도적인 기록을 세운 피겨의 여신, 그녀가 바로 김연아입니다.

03 문단 쓰기

알아 두기 중심 문장과 뒷받침 문장을 연관 지어 작성해야 읽는 사람이 글의 내용을 이해하기 쉬워요.

연습하기

1 마인드맵을 보고, 빈칸을 채워 문단을 완성해 보세요.

❶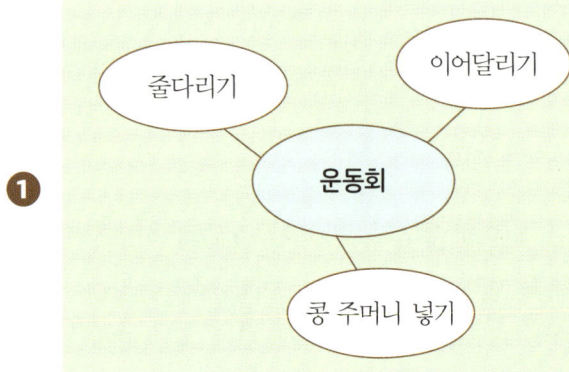

운동회에서는 여러 가지 종목을 진행합니다. 청팀과 백팀으로 나누어서 줄다리기를 합니다. 반별로 이어달리기를 통해 순발력을 겨루기도 합니다.

❷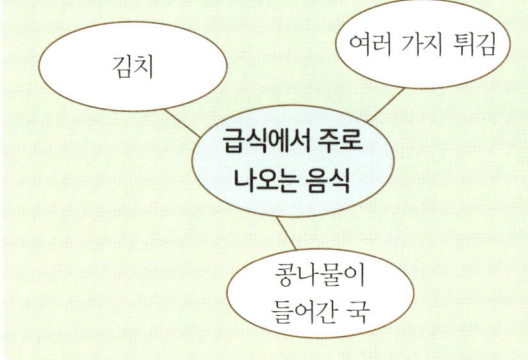

급식을 먹을 때 김치는 매일 등장합니다. 고기나 채소, 새우 등이 들어간 튀김도 자주 나옵니다. 또, 국은 콩나물이 들어간 국을 곧잘 배식합니다.

❸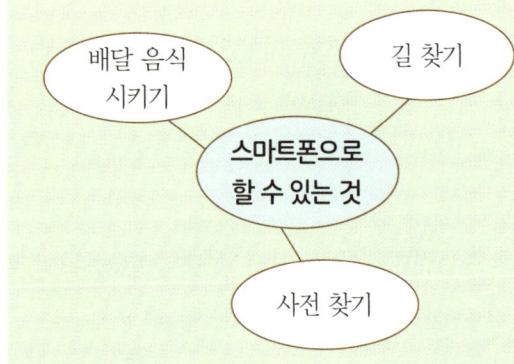

스마트폰으로 여러 가지 일을 할 수 있습니다. 먼저 배가 고플 때 배달 음식을 시킬 수 있습니다.

스마트폰에 있는 사전 애플리케이션(앱)을 사용하면 쉽게 낱말의 뜻을 찾을 수도 있습니다.

직접 써 보기

1 〈보기〉처럼 주어진 문장 중 문단의 내용과 관련 없는 문장을 제외하고 나머지를 조합해 하나의 문단을 써 보세요. (문장의 순서는 내용에 맞춰 바꿔 쓰세요.)

보기
- 중심 문장은 문단의 내용을 대표하는 문장입니다.
- 뒷받침 문장은 중심 문장의 내용을 보조하고 도와주는 문장입니다.
- 문단을 읽을 때는 크게 소리 내어 또박또박 읽습니다.
- 문단을 쓸 때는 중심 문장과 뒷받침 문장을 연관 지어 작성합니다.

➡ 중심 문장은 문단의 내용을 대표하는 문장입니다. 뒷받침 문장은 중심 문장의 내용을 보조하고 도와주는 문장입니다. 문단을 쓸 때는 중심 문장과 뒷받침 문장을 연관 지어 작성합니다.

❶
- 아침에 일찍 일어나려면 그 전날 일찍 자야 합니다.
- 저녁에는 밥을 많이 먹고, 운동도 열심히 합니다.
- 또, 여러 개의 알람을 맞춰 두면 아침에 일찍 일어날 수 있습니다.
- 아침에 일찍 일어나기 위한 여러 가지 방법이 있습니다.

➡

❷
- 내가 반장으로 뽑고 싶었던 여은이는 두 표 차이로 아쉽게 부반장이 되었습니다.
- 매일 여자아이들을 괴롭히는 한울이가 반장이 되어서 속상했습니다.
- 어제 교실에서 반장을 뽑았습니다.
- 교실이 지저분해서 함께 깨끗이 청소했습니다.

➡

04 여러 가지 주제로 문단 구성하기 (1) - 병

청	**청**명한 가을 하늘에 아름다운 구름이 피어 있다.
진	**진**심으로 이번 일요일에는 산을 오르고 싶다.
기	**기**분 좋은 공기를 들이마시며 단풍을 구경하고 싶다.

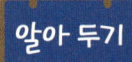 이행시, 삼행시 등은 각 낱말의 앞 글자를 가지고 완성한 하나의 시를 말해요. 이런 시도 하나의 생각을 바탕으로 써야 좋은 글이라고 할 수 있어요.

연습하기

1 '병'과 관련하여 떠오르는 생각을 모두 써 보세요.

> 감기, 비염, 아파요, 의사,

2 위에 적은 낱말 중 하나를 골라 〈보기〉처럼 이행시나 삼행시를 써 보세요.

보기	아	**아**귀찜을 먹으러 집 앞 아귀찜 전문 요리점에 갔다.
	파	**파**김치와 함께 먹는 아귀찜은 꿀맛이었다.
	요	**요**괴처럼 생긴 미더덕은 아귀찜을 더 돋보이게 만들었다.

직접 써 보기

1 〈보기〉처럼 수레바퀴 가운데에 있는 중심 문장을 뒷받침할 문장을 써 보세요.

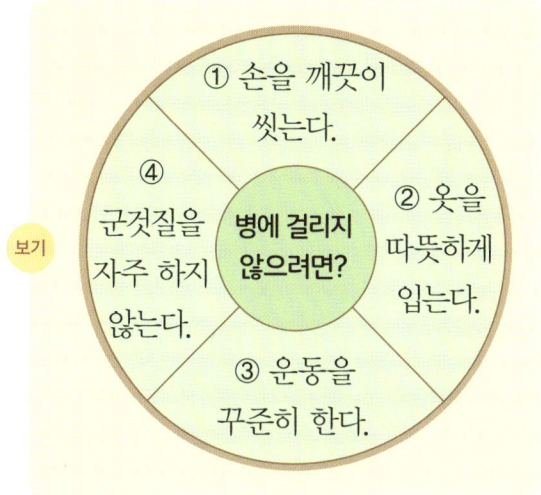
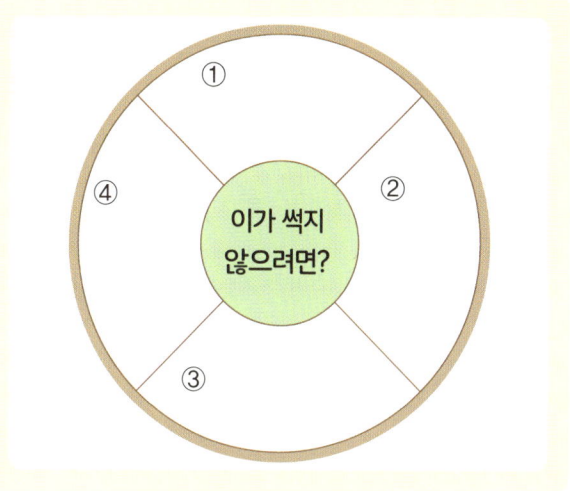

2 위의 수레바퀴에 쓴 내용을 토대로 중심 문장과 뒷받침 문장을 넣어 〈보기〉처럼 한 문단의 글을 써 보세요.

> **보기**
> 사람이 병에 걸리지 않으려면 어떻게 해야 할까요? 먼저, 손을 깨끗이 씻고 운동을 꾸준히 합니다. 날씨가 추울 때는 옷을 따뜻하게 입고, 군것질을 자주 하지 않으면 병에 걸리지 않습니다.

04. 여러 가지 주제로 문단 구성하기 (1) - 병

05 여러 가지 주제로 문단 구성하기 (2) – 악기

연습하기

1 '악기'와 관련하여 떠오르는 생각을 모두 써 보세요.

> 비올라, 리코더, 선율,

2 위에 적은 낱말 중 하나를 골라 〈보기〉처럼 이행시나 삼행시를 써 보세요.

보기

비	**비**비적비비적 수프를 비벼서 냄비에 털어 넣었다.
올	**올**망졸망 모여 있는 건더기에 마음이 설렜다.
라	**라**면이 보글보글 끓으면 맛있게 먹어야지.

하나 더!
삼행시에 소리나 모양을 흉내 내는 말을 넣으면 더 재미있는 글을 쓸 수 있어요.

❶

리	리어카를 힘겹게 끌며 건널목을 지나는 할머니
코	코흘리개 아이
더	더

❷

직접 써 보기

1 〈보기〉처럼 수레바퀴 가운데에 있는 중심 문장을 뒷받침할 문장을 써 보세요.

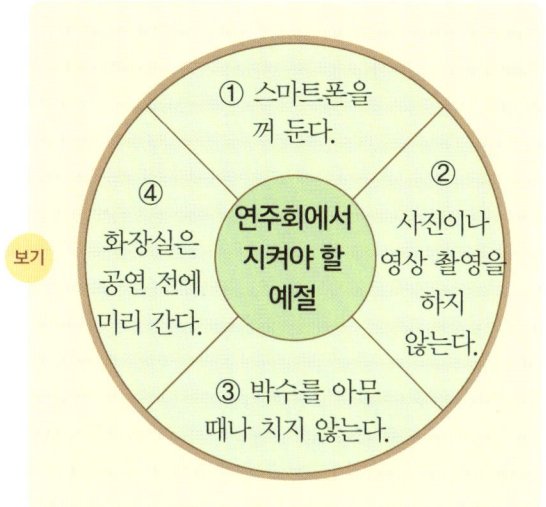
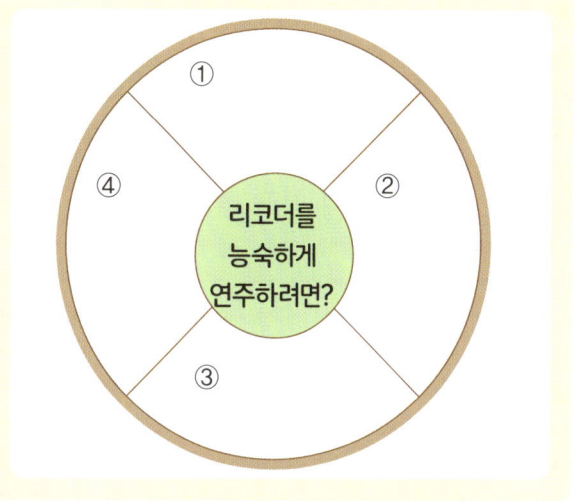

2 위의 수레바퀴에 쓴 내용을 토대로 중심 문장과 뒷받침 문장을 넣어 〈보기〉처럼 한 문단의 글을 써 보세요.

> 보기
>
> 음악 연주회에 갔을 때 지켜야 할 여러 가지 예절이 있습니다. 기본적으로 스마트폰은 꺼 두어야 공연을 방해하는 일이 없습니다. 그리고 사진이나 영상을 촬영하는 일은 없도록 합니다. 연주회에서 아무 때나 박수를 치면 연주자들을 방해하는 일이 되므로 박수를 쳐야 할 때를 미리 공부하면 좋습니다. 또, 화장실은 공연 전에 미리 다녀옵니다.

06 여러 가지 주제로 문단 구성하기 (3) - 우주

연습하기

1 '우주'와 관련하여 떠오르는 생각을 모두 써 보세요.

> 지구, 달, 태양, 초우주, 은하수, 우주선,

2 위에 적은 낱말 중 하나를 골라 〈보기〉처럼 이행시나 삼행시를 써 보세요.

보기

초	**초**간단! 우산 분리수거 하는 법!
우	**우**산살과 우산 천(비닐)을 먼저 분리합니다.
주	**주**의할 점! 우산살에는 플라스틱이나 나무 손잡이가 달려 있어도 분리수거가 가능해요.

*초우주: 관측된 모든 은하계의 성운들이 모여 이루는 우주

❶

우	우주는
주	주로 빅뱅, 대폭발로 우주가 시작되었다고 많은 사람이 주장한다.
선	선

❷

직접 써 보기

1 <보기>처럼 수레바퀴 가운데에 있는 중심 문장을 뒷받침할 문장을 써 보세요.

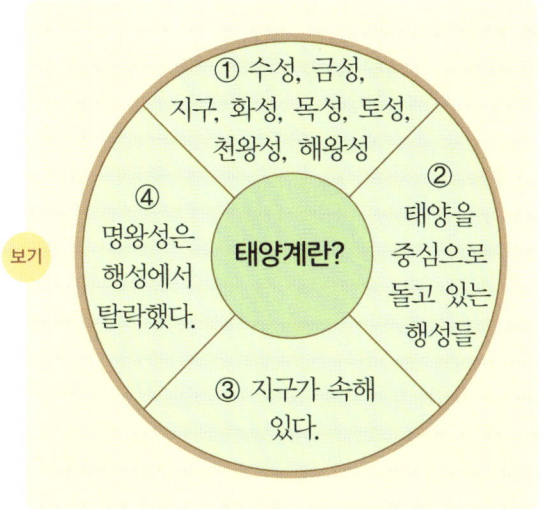
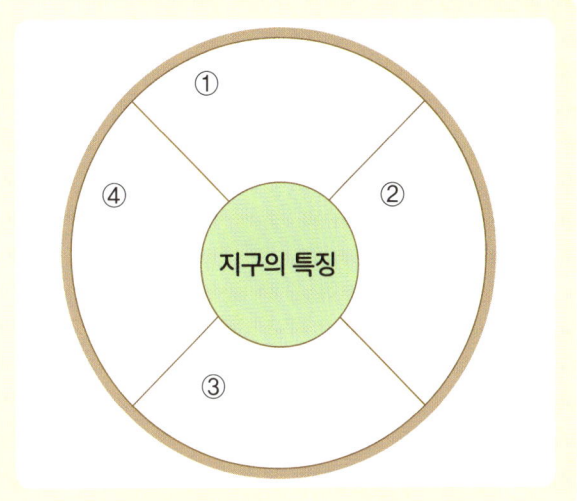

2 위의 수레바퀴에 쓴 내용을 토대로 중심 문장과 뒷받침 문장을 넣어 <보기>처럼 한 문단의 글을 써 보세요.

> 보기
> 태양계란 무엇을 말할까요? 태양계는 태양을 중심으로 돌고 있는 수성, 금성, 지구, 화성, 목성, 토성, 천왕성, 해왕성을 말합니다. 우리 지구가 속해 있는 곳이기도 합니다. 현재 명왕성은 행성에서 탈락해서 태양계는 8개의 행성으로 이루어져 있습니다.

07 여러 가지 주제로 문단 구성하기 (4) - 신체

연습하기

1 '신체'와 관련하여 떠오르는 생각을 모두 써 보세요.

> 눈썹, 입술, 엉덩이, 허벅지,

2 위에 적은 낱말 중 하나를 골라 〈보기〉처럼 이행시나 삼행시를 써 보세요.

보기	허	**허**리를 요란하게 움직이며 이삿짐을 날랐습니다.
	벅	**벅**적지근한 느낌이 들어 허리를 반듯이 폈습니다.
	지	**지**그시 허리를 손으로 누르니 다시 기운이 솟아났습니다.

*벅적지근하다: 몸이 뻐근하게 아픈 느낌이 있다.

❶	엉	**엉**덩이 탐정입니다.
	덩	덩
	이	이

❷		

직접 써 보기

1 <보기>처럼 수레바퀴 가운데에 있는 중심 문장을 뒷받침할 문장을 써 보세요.

보기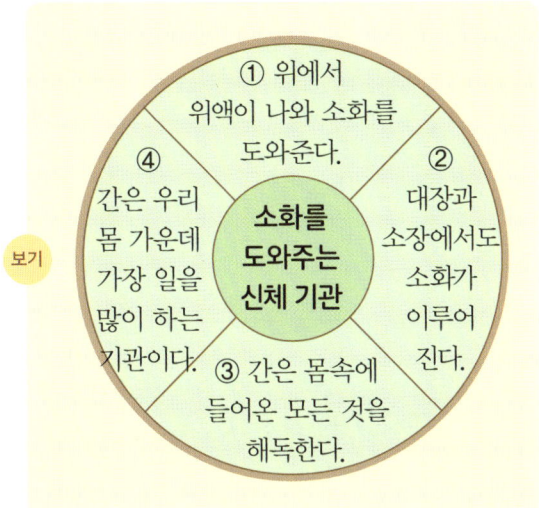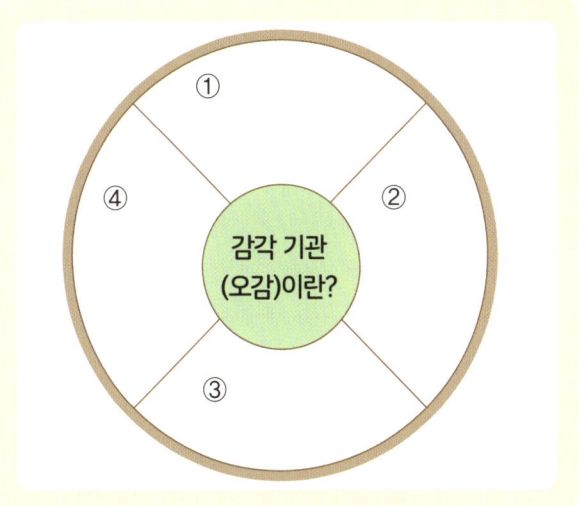

2 위의 수레바퀴에 쓴 내용을 토대로 중심 문장과 뒷받침 문장을 넣어 <보기>처럼 한 문단의 글을 써 보세요.

보기
소화를 도와주는 신체 기관에는 무엇이 있을까요? 위는 위액이 나와서 먹은 음식을 분해합니다. 대장과 소장도 소화를 시키기 위해 없어서는 안 될 기관입니다. 몸속에 들어온 모든 것을 해독하는 간은 우리 몸 가운데 가장 일을 많이 하는 기관입니다.

08 여러 가지 주제로 문단 구성하기 (5) - 신발

연습하기

1 '신발'과 관련하여 떠오르는 생각을 모두 써 보세요.

> 운동화, 축구화, 농구화, 하이힐,

2 위에 적은 낱말 중 하나를 골라 〈보기〉처럼 이행시나 삼행시를 써 보세요.

보기	하	**하** 기자, 내일 날씨는 어떻습니까?
	이	**이**상기후가 나타날 것으로 예상합니다. 태풍 14호 매미가
	힐	**힐**끔거리며 다가오고 있지만 제주도로 올지 일본으로 갈지 아직 알 수 없습니다.

❶	축	축제를
	구	**구**석구석 깔끔하게 청소해서 공원을 깨끗하게 만듭시다.
	화	화

❷		

직접 써 보기

1 〈보기〉처럼 수레바퀴 가운데에 있는 중심 문장을 뒷받침할 문장을 써 보세요.

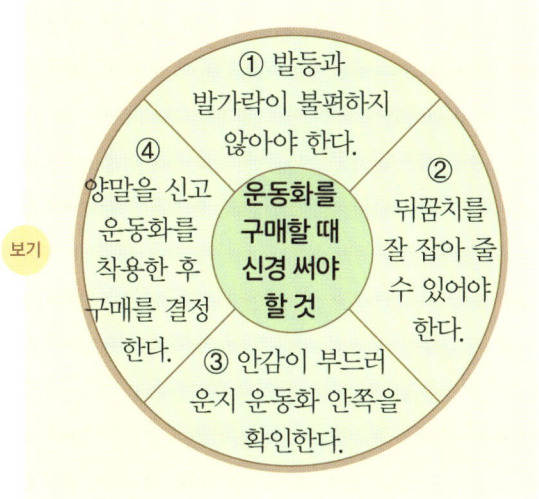

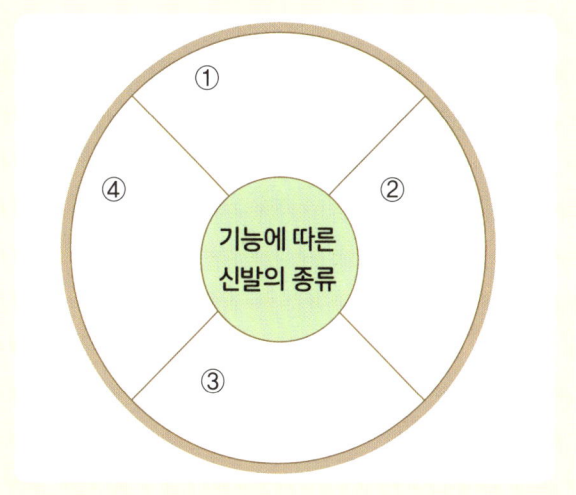

2 위의 수레바퀴에 쓴 내용을 토대로 중심 문장과 뒷받침 문장을 넣어 〈보기〉처럼 한 문단의 글을 써 보세요.

> 보기
>
> 운동화를 구매할 때는 여러 가지를 신경 써야 합니다. 신발을 신었을 때 발등과 발가락이 불편하지 않은지 확인하고, 안감이 부드러운지 운동화 안쪽을 살펴봅니다. 또, 운동화가 뒤꿈치를 잘 잡아 주어 벗겨지지 않아야 합니다. 그러므로 양말을 신은 후 운동화를 착용하여 사이즈를 확인하고 나서 구매를 결정합니다.

09 높임법 알기

> 할아버지, 밥 먹었어요? (X) ➡ 할아버지, 진지 잡수셨어요? (O)

알아 두기 보통 글을 읽는 사람이 나이가 많을 때, 지위나 신분이 높을 때, 처음 보는 사람일 때 높임법을 사용해서 글을 써요. 또, 비공식적인 상황보다는 공식적인 상황에서 높임 표현을 사용하여 글을 쓰지요.

연습하기

1 다음 표의 빈칸에 알맞은 높임말을 써 보세요.

반말	높임말	반말	높임말
밥	진지	-가, -에게	-께서, -께
말	말씀	하다	❹
나이	❶	주다	❺
이름	❷	묻다	❻
자다	❸	먹다	잡수시다, 드시다

2 다음 대화에서 괄호에 주어진 말 중 알맞은 높임 표현을 찾아 ○표 하세요.

"안녕하세요? 길 좀 (물으러, 여쭈러) (왔어, 왔습니다)."
"(응, 예). 어디로 (가냐, 가시나요)?"

"이 물건 (얼마요, 얼마입니까)?"
"이 물건은 5,000원(이야, 입니다)."

3

"선생님, (물어볼 것, 여쭈어볼 것)이 (있어, 있습니다)."

"그래요. 같이 한번 볼까요?"

잠깐만!! '포켓몬 빵이 팔리셨습니다.'라는 문장에서 서술어 '팔리셨습니다'의 주어는 '포켓몬 빵'입니다. 포켓몬 빵을 높일 필요는 없겠죠?

3 〈보기〉처럼 대상이 바뀌었을 때 어떤 높임 표현을 사용해야 할지 문장을 올바르게 고쳐 보세요.

 지혁이(→ **아버지**)에게 동생이 밥을 차려 주었습니다.
➡ 아버지께 동생이 진지를 차려 드렸습니다.

❶ 여은아, 나(→ **선생님**)한테 도화지 좀 가져다줄래?
➡ _____

❷ 어제 하나(→ **할머니**)가 많이 아팠어. 그래서 오늘 병원에 진료받으러 갔어.
➡ _____

❸ 반장(→ **선생님**)이 가정통신문을 반 친구들(→ **부모님**)에게 가져다주래.
➡ _____

❹ 동석이(→ **삼촌**) 생일에 이 연필을 선물로 줄 거야.
➡ _____

❺ 어제 동생(→ **어머니**)을 데리고 동생(→ **어머니**)이 좋아하는 노래방에 다녀왔어.
➡ _____

❻ 집에 있는 도경이(→ **할아버지**)에게 수철이는 맛있는 피자를 가져다주었다.
➡ _____

직접 써 보기

1 〈보기〉처럼 제시된 문단을 읽는 사람이나 상황에 맞게 높임 표현으로 바꿔 다시 써 주세요.

> 나를 반장으로 뽑아 주면 좋겠어. 내가 반장이 되면 앉고 싶은 사람끼리 앉을 수 있도록 규칙을 수정할 거야. 또, 청소 당번을 도와서 매일 같이 청소를 도와주도록 노력할게. 반장은 다른 사람에게 모범을 보여야 하니까 앞으로 수업 시간에 더 열심히 수업을 들을게.
>
> 보기 **(반 전체 아이들 앞에서 말할 때)**
> ➡ 저를 반장으로 뽑아 주시기 바랍니다. 제가 반장이 되면 앉고 싶은 사람끼리 앉을 수 있도록 규칙을 수정하겠습니다. 또, 청소 당번을 도와서 매일 같이 청소를 도와주도록 노력하겠습니다. 반장은 다른 사람에게 모범을 보여야 하니까 앞으로 수업 시간에 더 열심히 수업을 듣겠습니다.

> 할머니에게
> 안녕? 할머니. 나 태민이야.
> 요새 건강은 어때? 바람이 차니까 밖에 많이 돌아다니지 마. 지난주에 할머니 집에 간다고 했다가 못 가서 미안해. 그날 바쁜 일이 있어서 못 갔어. 이번 주에는 꼭 갈게.
> 잘 지내고 또 연락할게. 안녕.
>
> **(할머니께 안부 편지 쓸 때)**
>
> ❶ ➡ _____

공룡은 지금으로부터 2억 5천만 년 전에 처음 지상에 등장했어. 공룡은 땅을 걷던 동물 중에 가장 거대한 동물이야. 공룡보다 큰 동물은 이전에도 없었고, 지금도 없고, 미래에도 없을 거야. 공룡이 멸종한 이유로 많은 사람이 거대 운석 충돌설을 주장하기도 해.

(강당에서 학생들에게 발표할 때)

❷ →

선생님에게
　선생님, 안녕! 여름방학인데 잘 지내고 있어?
　나는 이번에 제주도에 와서 휴가를 즐기고 있어. 어제는 성산일출봉에 다녀왔는데 경치가 정말 끝내줬어. 선생님은 태국에 간다고 하지 않았나? 잘 다녀왔는지 모르겠네. 요새 너무 더워서 잠이 잘 안 오는데 선생님은 푹 잘 수 있기를 바라.
　잘 지내고 개학하면 보자! 안녕!

(선생님께 안부 편지 쓸 때)

❸ →

3단원

국어사전 활용하기

이것을 배워요!

낱말의 뜻을 정확하게 알고 쓰는 것과 모르고 쓰는 것에서 쓰기 '질'의 차이가 발생해요. 사전을 통해 다양한 낱말의 정확한 뜻을 파악하면, 글을 쓸 때 그 상황에 가장 알맞은 낱말을 선택할 수 있어요.

이번 단원에서는 국어사전을 찾아 낱말의 정확한 뜻을 알아보고, 그 낱말을 문장에 넣는 활동을 할 거예요. 또, 하나의 글에 한 낱말을 여러 번 넣는 것이 아니라 비슷한 뜻을 가진 여러 개의 낱말을 활용해서 좀 더 좋은 글을 쓸 수 있도록 연습해 볼 거예요.

01 국어사전에서 낱말 찾기 (1)

알아 두기 국어사전은 기본적으로 모르는 낱말의 뜻을 찾아보기 위한 도구예요. 이 도구를 활용하려면 사용하는 법을 익혀야 하죠. 국어사전은 낱말을 많이 찾아봐야 그 안에 담긴 내용을 쉽고 자세하게 이해할 수 있어요.

연습하기

1 주현이는 국어사전 옆면에 보이는 자음자의 순서대로 사전을 펴 보았어요. 무슨 낱말이 나왔을지 〈보기〉에서 알맞은 것을 골라 빈칸에 써 보세요.

보기
- 코골이: 자면서 코를 고는 일
- 묘지: 송장이나 유골을 땅에 묻어 놓은 곳
- 가지: 나무나 풀의 원줄기에서 뻗어 나온 줄기
- 디디다: 발을 올려놓고 서거나, 발로 내리누르다.
- 야기하다: 일이나 사건을 끌어 일으키다.

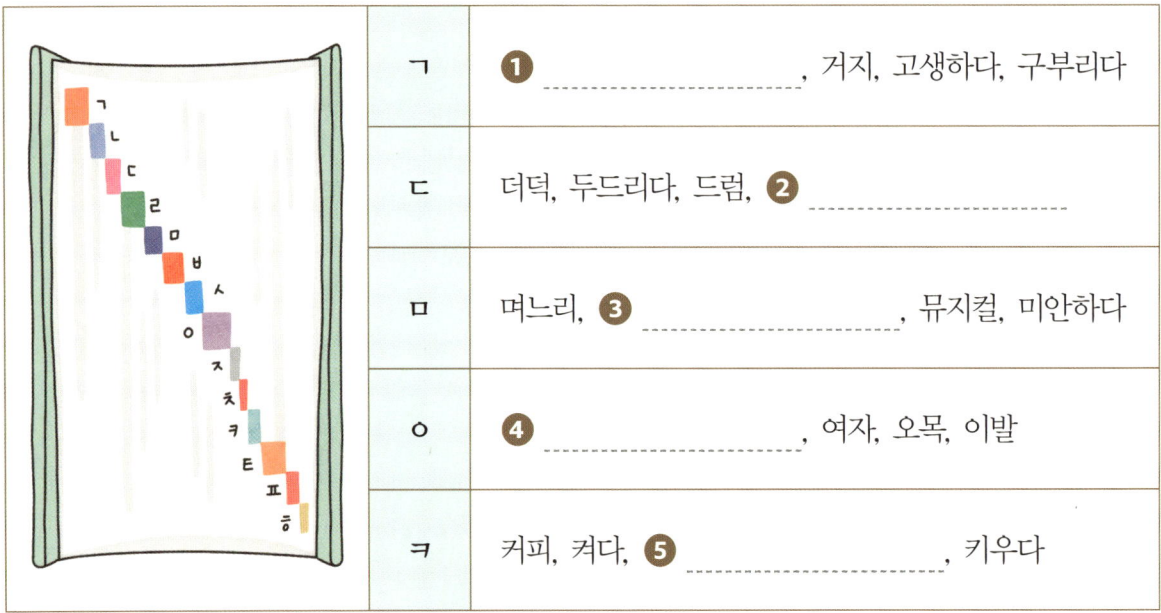

ㄱ	❶ _____, 거지, 고생하다, 구부리다
ㄷ	더덕, 두드리다, 드럼, ❷ _____
ㅁ	며느리, ❸ _____, 뮤지컬, 미안하다
ㅇ	❹ _____, 여자, 오목, 이발
ㅋ	커피, 켜다, ❺ _____, 키우다

하나 더!
국어사전에서 낱말을 찾으려면 낱말 첫 글자의 자음자(ㄱㄲㄴㄷㄸㄹㅁㅂㅃㅅㅆㅇㅈㅉㅊㅋㅌㅍㅎ의 순서)를 먼저 확인해요.

직접 써 보기

1. 국어사전에서 각 자음으로 시작하는 낱말을 찾아 〈보기〉처럼 적고, 그 낱말을 활용한 구나 문장을 써 보세요.

02 국어사전에서 낱말 찾기 (2)

글자의 짜임: 간장

자음자	ㄱ ㄲ ㄴ ㄷ ㄸ ㄹ ㅁ ㅂ ㅃ ㅅ ㅆ ㅇ ㅈ ㅉ ㅊ ㅋ ㅌ ㅍ ㅎ
모음자	ㅏ ㅐ ㅑ ㅒ ㅓ ㅔ ㅕ ㅖ ㅗ ㅘ ㅙ ㅚ ㅛ ㅜ ㅝ ㅞ ㅟ ㅠ ㅡ ㅢ ㅣ
받침	ㄱ ㄲ ㄳ ㄴ ㄵ ㄶ ㄷ ㄹ ㄺ ㄻ ㄼ ㄽ ㄾ ㄿ ㅀ ㅁ ㅂ ㅄ ㅅ ㅆ ㅇ ㅈ ㅊ ㅋ ㅌ ㅍ ㅎ

* '간장'이란 말을 국어사전에서 찾으려면 ㄱ → ㅏ → ㄴ → ㅈ → ㅏ → ㅇ의 순서로 찾아요.

알아 두기 국어사전에서 낱말을 살펴볼 때 글자의 짜임을 알면 낱말을 쉽게 찾을 수 있어요. 각 글자의 첫 글자부터 자음자와 모음자, 받침이 있을 경우에는 해당하는 것을 차례대로 찾으면 돼요.

연습하기

1 다음 설명을 읽고, 국어사전에 먼저 나오는 낱말을 찾아 ○표 하세요.

- 국어사전에서 낱말 첫 글자의 자음자를 우선 찾아요.

- 두 번째로 낱말 첫 글자의 모음자를 찾아요.

- 세 번째로 낱말 첫 글자의 받침을 확인해요.

- 첫 번째 글자가 같은 경우 두 번째 글자의 자음자를 확인해요.

구름	하늘
나물	타잔
렌즈	런던
수사	쏴르르
봉사하다	본받다
축구	충주
판사	판잣집
탕수육	탕진하다

직접 써 보기

1 제시된 낱말을 국어사전에 실린 차례대로 괄호 안에 번호를 쓰고, 〈보기〉처럼 두 번째 순서에 나오는 낱말을 활용한 구나 문장을 써 보세요.

> 보기   수박(2), 마을(1), 하늘(3)   예시 ➡ 수박 겉핥기

❶ 아기(   ), 오리(   ), 어부(   )

예시 ➡ _____

❷ 포도(   ), 카메라(   ), 커피(   ), 퐁당퐁당(   )

예시 ➡ _____

❸ 꼬마(   ), 꼬투리(   ), 꼬집다(   ), 꼬박꼬박(   )

예시 ➡ _____

2 국어사전에서 찾고 싶은 낱말을 생각한 후, 〈보기〉처럼 그 뜻을 찾아 써 보고 자기 말로 낱말의 뜻을 다시 설명해 보세요.

보기

(낱말)	(국어사전 뜻)
컴퓨터	전자 회로를 이용한 고속의 자동 계산기. 숫자 계산, 자동 제어, 데이터 처리, 사무 관리, 언어나 영상 정보 처리 따위에 광범위하게 이용된다. ➡ 우리 생활의 여러 가지 문제를 해결하거나 정보를 검색할 수 있는 편리한 기계

(낱말)	(국어사전 뜻)
	  ➡

03 국어사전에서 낱말 찾기 (3)

*움직임을 나타내는 낱말

원희가 운동장을 달렸다.   원희는 운동장을 달리고 집에 갈 것이다. ➡ 달리다

*모양이나 상태·성질을 나타내는 낱말

한울이는 멋있네.   한울이는 멋있고 연후는 예쁘다. ➡ 멋있다

알아 두기 움직임을 나타내는 낱말과 모양이나 상태·성질을 나타내는 낱말은 형태가 바뀌어요. 국어사전에는 형태가 바뀌는 낱말의 기본형만 실어요.

연습하기

1 〈보기〉처럼 형태가 바뀌는 낱말의 기본형을 적고, 국어사전에서 그 뜻을 찾아 써 보세요.
(사전에 여러 가지 뜻이 나올 경우, 대표적인 의미 하나만 선택해서 쓰세요.)

보기

변형 낱말	기본형	국어사전 뜻
웃지만, 웃고, 웃어서, 웃은, 웃는다	웃다	기쁘거나 만족스럽거나 우스울 때 얼굴을 활짝 펴거나 소리를 내다.

하나 더! 변하지 않는 부분과 변하는 부분을 나눈 후, 변하지 않는 부분에 '-다'를 붙여 주면 쉽게 기본형을 찾을 수 있어요.

	변형 낱말	기본형	국어사전 뜻
❶	일어서니, 일어섰다, 일어서서, 일어서면		
❷	넓고, 넓어서, 넓으니, 넓으면, 넓은데		
❸	잡았다, 잡으면, 잡고, 잡으니, 잡아서		
❹	건강해서, 건강했다, 건강하고, 건강한데		

직접 써 보기 [1~2] 다음 글을 읽고, 물음에 답하세요.

〈스파이더맨〉은 거미에게 물려서 초능력을 얻게 된 피터 파커라는 청년이 ㉠ 겪게 되는 사건을 그린 히어로물입니다. 스파이더맨은 악당과 싸우고 정의를 위해 노력하지만, 생활고에 ① _____. 또, 보통의 영웅과는 다르게 실수를 많이 ② _____, 그 실수 때문에 어려운 일을 ㉡ 당합니다. 만화에서 스파이더맨은 외톨이로 ㉢ 그려집니다. 정체를 드러내면 친구들이 악당에게 다칠 수 있어서 피터 파커는 점차 친구 없이 혼자가 됩니다. 그래서 〈스파이더맨〉에서는 피터 파커가 홀로 사건을 ㉣ 해결하고 어려움을 ③ _____ 내는 이야기가 많이 ④ _____.

1 국어사전의 뜻을 보고, 각 뜻에 알맞은 낱말을 ㉠~㉣에서 찾아 그 기본형을 써 보세요.

	국어사전 뜻	알맞은 낱말
❶	제기된 문제를 해명하거나 얽힌 일을 잘 처리하다.	㉣ 해결하다
❷	해를 입거나 놀림을 받다.	
❸	생각, 현상 따위를 말이나 글, 음악 등으로 나타내다.	
❹	어렵거나 경험될 만한 일을 당하여 치르다.	

2 제시된 기본형 낱말의 뜻을 국어사전에서 찾아 아래 표 빈칸에 쓰고, 글의 내용에 맞게 형태를 바꾸어 윗글의 ①~④ 빈칸에 써 보세요.

	기본형	국어사전 뜻
❶	시달리다	_____이나 성가심을 당하다.
❷	저지르다	죄를 짓거나 잘못이 생겨나게 _____.
❸	이기다	_____이나 고난을 참고 견디어 내다.
❹	전개하다	_____을 진전시켜 펴 나가다.

04 사전을 활용한 주제별 글쓰기 (1) - 여름방학

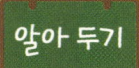 자신이 쓰고 싶은 글이 있다면 우선 그 주제와 관련된 책을 읽는 것이 좋아요. 글에서 어려운 낱말을 만나면 사전에서 찾아서 낱말의 정확한 뜻을 파악해요. 그래야 자기 글을 쓸 때 그 낱말을 바르게 활용할 수 있어요.

연습하기

1 여름방학에 했던 일을 정리한 내용을 읽으면서 정확한 뜻을 모르는 낱말은 국어사전에서 찾아 〈보기〉처럼 써 보세요.

> 7월 28일 놀이공원 방문
> 롤러코스터, 대관람차, 회전목마
> 긴장됨, 재밌음, 떨림

> 8월 3일 동물원 방문
> 얼룩말, 스컹크, 재규어, 타조
> 흥분됨, 아름다움, 냄새남, 무서움

> 8월 13일 미술관 방문
> 회화, 조각, 모더니즘
> 신기함, 장엄함, 지루함

> 8월 17일 공룡전시관 방문
> 티라노사우루스, 스테고사우루스, 트리케라톱스
> 거대함, 날카로움, 두려움

- **낱말**: 티라노사우루스
- **국어사전 뜻**: 백악기 후기에 생존하였던 육식 공룡

낱말	국어사전 뜻
❶ 대관람차	
❷	
❸	
❹	

직접 써 보기

1. 여름방학에 했던 일 중 글로 쓸 내용을 〈보기〉처럼 마인드맵으로 간단히 정리해 보세요.

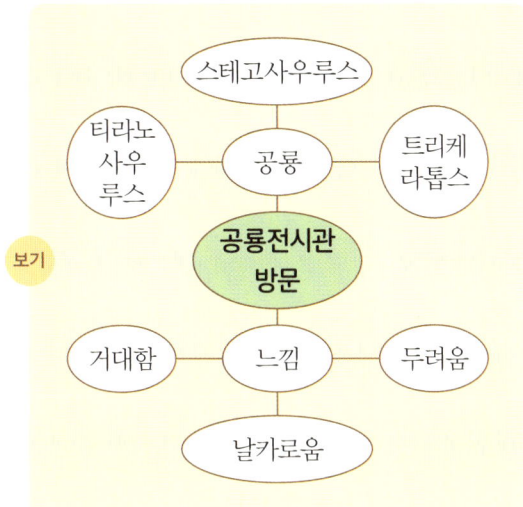

2. 위에 그린 마인드맵을 바탕으로 여름방학에 했던 일에 관한 글을 〈보기〉처럼 써 보세요.

보기

여름방학에 공룡전시관에 갔던 일이 가장 기억에 남는다. 공룡전시관에 가서 티라노사우루스, 스테고사우루스, 트리케라톱스를 보았다. 특히 거대한 몸집의 티라노사우루스는 백악기 후기에 생존하였던 육식 공룡으로 지상에 존재했던 공룡 가운데 가장 강력했다고 한다. 공룡을 보고 나니, 공룡의 크고 날카로운 이빨에 많은 동물이 죽었을 것 같다는 두려운 마음이 들었다.

05 사전을 활용한 주제별 글쓰기 (2) - 자동차

연습하기

1 자동차에 관한 글을 읽으면서 정확한 뜻을 모르는 낱말은 국어사전에서 찾아 〈보기〉처럼 써 보세요.

> 자동차의 종류는 크게 대형차, 중형차, 소형차 등으로 나눌 수 있습니다. 대형차는 4.5톤 이상 트럭과 9미터 이상의 버스를 이야기합니다. 중형차는 보통 5미터 정도의 크기를 가진 차를 말합니다. 소형차는 중형차보다 조금 작은 3, 4인이 타기에 알맞은 자동차를 말합니다.
>
> 이 중에서 많은 사람이 타고 다니는 2~5인승의 차량은 세단, 쿠페, 왜건 등으로 나뉩니다. 세단은 네 개의 문을 가진 보통의 자동차를 생각하면 됩니다. 쿠페는 2인이 타는 천장이 낮은 자동차를 의미합니다. 왜건은 많은 짐을 실을 수 있는 실용성이 높은 자동차를 뜻합니다.

보기
- **낱말**: 세단
- **국어사전 뜻**: 좀 납작한 상자 모양에 지붕이 있고 운전석과 뒷좌석 사이에 칸막이를 하지 않았으며, 4~5명이 타게 되어 있는 보통의 승용차

낱말	국어사전 뜻
❶ 톤	
❷	
❸	
❹	

직접 써 보기

1 자동차에 관해 글로 쓸 내용을 〈보기〉처럼 마인드맵으로 간단히 정리해 보세요.

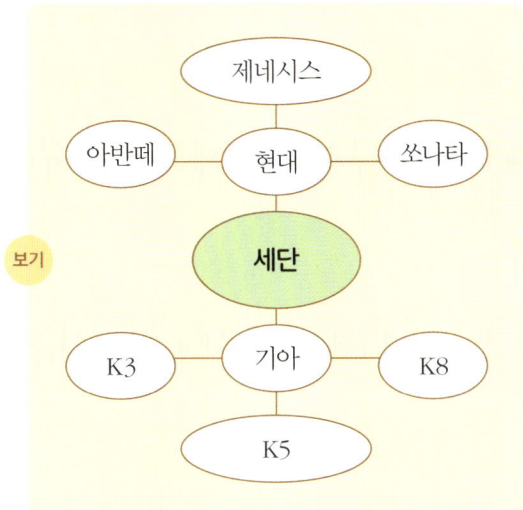

보기

2 위에 그린 마인드맵을 바탕으로 자동차에 관한 글을 〈보기〉처럼 써 보세요.

보기
　　자동차 중 세단은 납작한 상자 모양에 지붕이 있고, 운전석과 뒷좌석 사이에 칸막이를 하지 않은 4~5명이 타는 보통의 승용차를 말한다. 현대차의 세단 종류에는 아반떼, 제네시스, 쏘나타 등이 있다. 기아차의 세단에는 K3, K5, K8 등이 있다.

06 사전을 활용한 주제별 글쓰기 (3) - 꽃

연습하기

1 꽃에 관한 글을 읽으면서 정확한 뜻을 모르는 낱말은 국어사전에서 찾아 〈보기〉처럼 써 보세요.

> 계절에 따라 피는 꽃이 다릅니다. 봄꽃으로는 개나리, 벚꽃, 목련, 진달래, 튤립 등이 있습니다. 여름꽃으로는 장미, 해바라기, 나팔꽃, 에델바이스, 석류, 봉선화 등이 있습니다. 가을꽃으로는 코스모스, 채송화, 백일홍, 국화, 투구꽃, 달맞이꽃 등이 있습니다. 겨울꽃으로는 매화, 동백, 수선화 등이 있습니다.
>
> 먹을 수 있는 꽃도 있는데 우리나라에서는 진달래꽃, 호박꽃, 복숭아꽃, 재스민, 동백꽃 등을 먹습니다. 보통 진달래꽃은 화전을 해서 먹습니다. 비빔밥이나 쌈밥 등에 꽃잎을 넣어 먹는 즐거움을 더할 수도 있습니다.

보기
- **낱말**: 에델바이스
- **국어사전 뜻**: 국화과의 여러해살이풀. 높이는 10~20cm이며 창 모양의 잎은 부드러운 털로 덮여 하얗게 보이는데 별 모양으로 배열되어 있다. 알프스의 영원한 꽃으로 유명하며 유럽과 남아메리카의 고산 지대가 원산지다.

낱말	국어사전 뜻
❶ 화전	
❷	
❸	
❹	

직접 써 보기

1 꽃에 관해 글로 쓸 내용을 〈보기〉처럼 마인드맵으로 간단히 정리해 보세요.

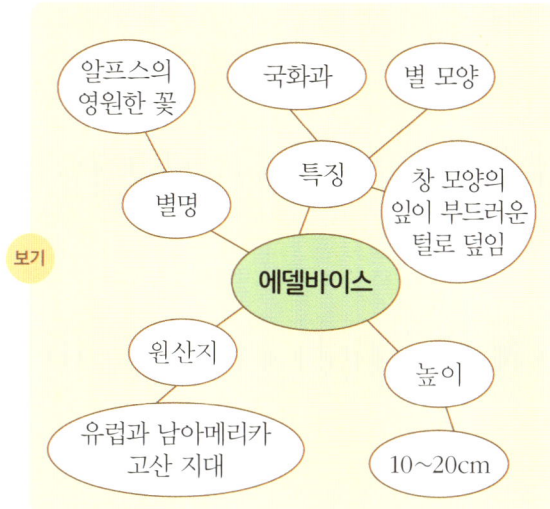

〈보기〉

2 위에 그린 마인드맵을 바탕으로 꽃에 관한 글을 〈보기〉처럼 써 보세요.

〈보기〉
　　에델바이스는 국화과의 여러해살이풀이고, 보통 높이는 10~20cm 정도 됩니다. 별 모양의 잎은 부드러운 털로 덮여 하얗게 보이고 유럽과 남아메리카의 고산 지대가 원산지입니다. '에델바이스'란 노래로 더 유명한 이 꽃은 알프스의 영원한 꽃이라는 별명을 가지고 있습니다.

　　　　　　　　　*여러해살이풀: 겨울에는 땅 위의 부분이 죽어도 봄이 되면 다시 움이 돋아나는 풀

07 사전을 활용한 주제별 글쓰기 (4) - 운동회

연습하기

1 운동회 진행표를 읽으면서 정확한 뜻을 모르는 낱말은 국어사전에서 찾아 〈보기〉처럼 써 보세요.

시간	활동	시간	활동
9:00~9:10	개회식 및 준비운동	11:00~11:30	콩 주머니 던지기
9:10~9:40	박 터트리기	11:30~12:00	기마전
9:40~10:10	공 굴리기	12:00~12:30	줄다리기
10:10~10:30	쉬는 시간 및 화장실 다녀오기	12:30~13:00	폐회식
10:30~11:00	50미터 달리기	13:00~	점심 식사

〈보기〉
- **낱말**: 개회식
- **국어사전 뜻**: 집회나 회합 따위를 시작할 때 행하는 의식

	낱말	국어사전 뜻
❶	박	
❷		
❸		
❹		

직접 써 보기

1. 운동회에 관해 글로 쓸 내용을 〈보기〉처럼 마인드맵으로 간단히 정리해 보세요.

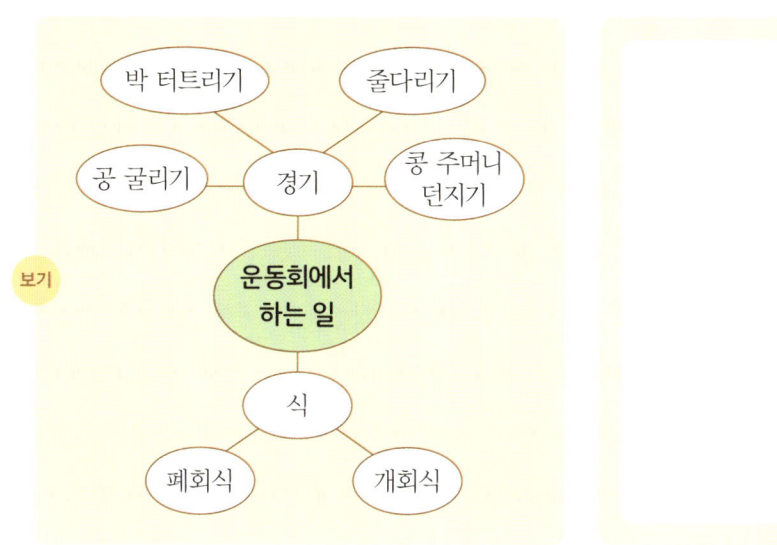

2. 위에 그린 마인드맵을 바탕으로 운동회에 관한 글을 〈보기〉처럼 써 보세요.

> 보기
>
> 운동회에서는 여러 가지 일을 합니다. 우선, 운동회가 시작하거나 끝날 때 개회식과 폐회식을 진행합니다. 또, 줄다리기, 공 굴리기, 콩 주머니 던지기와 같은 경기를 청팀과 백팀으로 나누어 겨룹니다. 운동회를 오래 하면 힘들어서 쉬는 시간도 있습니다.

08 사전을 활용한 주제별 글쓰기 (5) - 음료수

연습하기

1 음료수에 관한 글을 읽으면서 정확한 뜻을 모르는 낱말은 국어사전에서 찾아 〈보기〉처럼 써 보세요.

> 음료수는 '사람이 갈증을 해소하거나 맛을 즐길 수 있도록 만든 마실 거리'를 뜻합니다. 대표적인 음료수로 '물'이 있습니다. 이 '물'에 무슨 재료를 얼마나 섞느냐에 따라 음료수의 종류가 달라집니다.
>
> 음료는 물, 술, 과즙 음료, 유제품, 카페인 음료, 탄산음료, 이온 음료 등으로 분류할 수 있습니다. 술은 맥주나 소주, 과즙 음료는 주스를 말합니다. 유제품에는 우유나 요구르트, 카페인 음료에는 에너지 음료나 커피가 있습니다. 탄산음료는 콜라, 사이다처럼 톡 쏘는 맛이 들어간 음료를 뜻하고, 이온 음료는 보통의 스포츠 음료라고 생각하면 됩니다.

보기
- **낱말**: 탄산음료
- **국어사전 뜻**: 이산화탄소를 물에 녹여 만든, 맛이 산뜻하고 시원한 음료

낱말	국어사전 뜻
❶ 갈증	
❷	
❸	
❹	

직접 써 보기

1 음료수에 관해 글로 쓸 내용을 〈보기〉처럼 마인드맵으로 간단히 정리해 보세요.

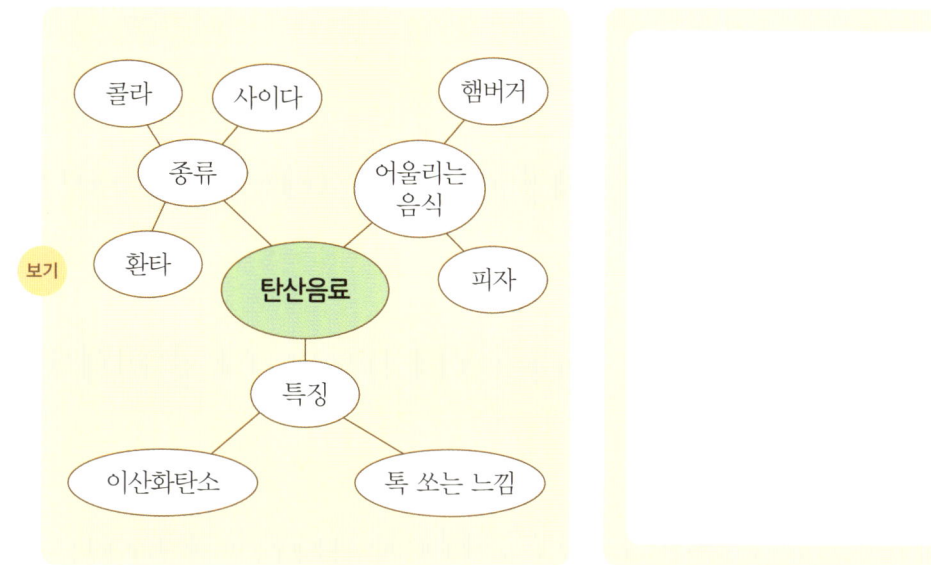

2 위에 그린 마인드맵을 바탕으로 음료수에 관한 글을 〈보기〉처럼 써 보세요.

> 보기
>
> 탄산음료는 이산화탄소를 물에 녹여 만든 산뜻하고 시원한 음료를 말합니다. 톡 쏘는 느낌이 있어서 마실 때 입안에 자극을 줍니다. 탄산음료의 대표적인 종류로는 콜라, 사이다, 환타 등이 있습니다. 피자나 햄버거 등의 패스트푸드가 탄산음료와 어울리는 음식입니다.

4단원

원고지 쓰기

이것을 배워요!

1, 2단계에서 쉼표, 마침표, 물음표, 느낌표, 큰따옴표, 작은따옴표 등의 문장 부호를 배웠어요. 이 단원에서는 그 외의 여러 가지 문장 부호(가운뎃점·쌍점·줄임표·괄호·붙임표·물결표)에 대해서 알아볼 거예요. 또, 원고지 쓰기에 대한 규칙을 복습하고 몇 가지 규칙을 더 학습할 거예요. 원고지 규칙을 파악함으로써 다른 사람이 글을 쉽게 읽을 수 있도록 원고지에 글을 쓰는 연습을 해 봐요.

<문장 부호 복습>

- **, 쉼표**: 부르는 말 뒤 또는 여러 낱말을 늘어놓을 때
- **. 마침표**: 한 문장이 끝날 때
- **? 물음표**: 물어볼 때, 모르거나 불확실한 내용일 때
- **! 느낌표**: 감탄이나 놀람, 명령 등을 강조할 때
- **" " 큰따옴표**: 글 안에서 대화를 나타낼 때
- **' ' 작은따옴표**: 마음속으로 한 말을 적을 때

01 가운뎃점, 쌍점, 줄임표 쓰기

국어·수학·사회·과학·영어

가운뎃점(·): 열거할 대상을 일정한 기준으로 묶어서 제시할 때

일시: 2020○년 10월 ○일

쌍점(:): 낱말에 대한 간단한 설명을 적거나 낱말에 포함되는 항목을 적을 때

어서 가야 할 텐데……

줄임표(……): 할 말을 줄이거나 할말이 없음을 나타낼 때. 보통 '줄임표'는 점이 여섯 개 들어가요. 점을 세 개로 줄여서 사용하기도 해요.

연습하기

1 다음 각 문장 부호의 이름을 바르게 써 보세요.

❶ ……

❷ :

❸ ·

❹ ' ,

2 빈칸에 들어갈 문장 부호를 선으로 연결해 보세요.

❶ ·

❷ :

❸ ……

㉠ "언제 나하고 놀이공원에 ☐."

㉡ 나는 매일 아침☐점심☐저녁에 밥을 먹는다.

㉢ 생일 축하 파티 날짜☐ 12월 23일 오후 2시

㉣ "☐." 그는 아무 말이 없었다.

㉤ 문장 부호☐ 가운뎃점, 쌍점, 줄임표 등

㉥ 제주도는 제주시☐서귀포시로 이루어진다.

3 주어진 설명에 따라 예시의 빈칸에 알맞은 문장 부호를 써 보세요.

❶ 낱말의 뜻을 설명할 때

→ 의견 [　] 어떤 상황에 대하여 가지는 생각

❷ 대화에서 말이 없음을 나타낼 때

→ "너는 어떻게 생각하니?", "[　]."

❸ 대본에서 등장인물의 대사를 나타낼 때

→ 흥부 [　] (애처롭게) 형님, 밥 한 숟가락만 주소!

❹ 열거할 대상을 일정한 기준으로 묶어서 나타낼 때

→ 서울 [　] 대전 [　] 대구 [　] 부산 찍고!

❺ 글이나 문장의 일부를 생략할 때

→ 조선 시대 왕은 태조, 정종, 태종, 세종 [　] 헌종, 철종, 고종, 순종이 있다.

❻ 비슷한 성질을 가진 대상을 묶을 때

→ 축구를 할 때는 수비 [　] 공격의 조화가 이루어져야 한다.

4 〈보기〉처럼 문장에서 잘못된 문장 부호를 고쳐 다시 써 보세요.

보기
'이번 시합에서 이기면,,, 금:은:동 메달 중 하나라도 받을 수 있을 거야.'
→ "이번 시합에서 이기면……. 금·은·동 메달 중 하나라도 받을 수 있을 거야."

❶ 여우. (신나게) 점심에 맛있는 걸 먹고 싶어? 오늘은 짜장면 "짬뽕" 탕수육이 당기네.

→ 여우: (신나게) 점심에 맛있는 걸 먹고 싶어! 오늘은 짜장면·짬뽕·탕수육이 당기네.

하나 더!
대상을 열거할 때에는 가운뎃점이나 쉼표 둘 다 사용할 수 있습니다.

❷ 지금 시각 11·40, 청군 대 백군 60!50으로 청군이 앞서가고 있습니다.

→ _____

02 괄호, 붙임표, 물결표 쓰기

동물(호랑이, 고양이 등)
괄호( ): 대상을 더 설명하거나 빈칸인 것을 나타낼 때

제주도-울릉도-독도-마라도
붙임표(-): 차례대로 이어지는 내용을 붙여 쓰거나 두 개 이상의 낱말이 밀접한 관련이 있을 때. 가운뎃점과 붙임표는 글에서 비슷한 역할을 합니다.

세종대왕(1397~1450)
물결표(~): 기간이나 거리 또는 범위를 나타낼 때

연습하기

1 다음 각 문장 부호의 이름을 바르게 써 보세요.

❶ .   ❷ ~
❸ ( )   ❹ -

하나 더!
점이 칸의 밑에 있으면 '가운뎃점'이 아니라 '마침표'라고 불러야겠죠.

2 빈칸에 들어갈 문장 부호를 선으로 연결해 보세요.

❶ ( )

❷ -

❸ ~

㉠ □에 알맞은 말을 넣으세요.
㉡ 한국□중국□일본 축구 대회
㉢ 부산에서 광주까지 3□4시간 정도 걸립니다.
㉣ 임진왜란은 1592□1598년까지 벌어진 전쟁입니다.
㉤ 대왕□광개토대왕, 세종대왕□
㉥ 글은 보통 처음□가운데□끝으로 이루어집니다.

3 주어진 설명에 따라 예시의 빈칸에 알맞은 문장 부호를 써 보세요.

❶ 다른 나라 언어로 설명하거나 사건이 일어난 시기를 알려 줄 때

➡ 스마트폰 ☐ smartphone ☐ 개발 ☐ 2004 ☐

❷ 두 개 이상의 낱말이 밀접한 관련이 있을 때

➡ 이번 여름에는 서울 ☐ 제주도 여행객이 많았습니다.

❸ 차례대로 이어지는 내용을 붙여 쓸 때

➡ 선사 시대는 석기 ☐ 청동기 ☐ 철기로 구분합니다.

❹ 기간을 나타낼 때

➡ 이번 수학여행은 9월 28 ☐ 30일까지 경주로 갑니다.

❺ 낱말에 대해 더 설명하고 싶을 때

➡ 주시경 ☐ 조선의 국어학자 ☐ 선생은 독립을 위해 노력하셨습니다.

❻ 범위를 나타낼 때

➡ 이번 수학 시험 범위는 89 ☐ 140쪽입니다.

4 〈보기〉처럼 문장에서 잘못된 문장 부호를 고쳐 다시 써 보세요.

보기
"이번 주에 뭐 해!", "나 월:수까지 서울!부산 기차를 타고 할머니 댁에 가."
➡ "이번 주에 뭐 해?", "나 월~수까지 서울-부산 기차를 타고 할머니 댁에 가."

❶ 이순신!조선의 명장!은 한국……일본의 전쟁?임진왜란?을 승리로 이끌었다.

➡ _____

❷ 김유신?595!673?: 신라시대의 명장, 신라……당나라 연합군을 이끌고 삼국을 통일함

➡ _____

03 원고지에 여러 가지 문장 부호 쓰기

세일 품목: 수박·사과·양파·마늘…….

	세	일		품	목	:	수	박	·	사	과	·	양
파	·	마	늘	…	…	.							

→ 쌍점의 글자 폭이 좁기 때문에 쌍점 다음에는 띄어 쓰지 않아도 괜찮습니다(띄어 써도 됩니다).

알아 두기 원고지에 여러 가지 문장 부호의 위치를 제대로 나타내야 해요. 가운뎃점, 쌍점, 괄호, 붙임표, 물결표 등은 한 칸에 하나를 적어 주면 돼요. 줄임표는 한 칸에 세 개씩 두 칸에 총 여섯 개의 점을 찍어요. 그리고 나서 다음 칸에 마침표를 찍는 것이 원칙이에요(줄임표는 때에 따라 점을 세 개만 찍어 주기도 해요).

연습하기

1 다음 색깔이 칠해진 칸에 알맞은 문장 부호를 써 보세요.

❶

	3		1	운	동		19	19	년	에		일
어	난		한	민	족	의		독	립	운	동	

❷

	15	일		17	일	까	지		서	울		대
전		대	구		부	산	에	서				

❸

	스	티	브	잡	스		19	55		20	11	
는		스	마	트	폰	을		개	발	했	다	

이성계(1335~1408)는 고려-조선으로 이어지는 시대를 열었다.

이	성	계	(	13	35	~	14	08	)	는		고
려	-	조	선	으	로		이	어	지	는		시	대
를		열	었	다	.							

알아 두기 원고지에 숫자는 한 칸에 두 개씩 쓰는 것을 원칙으로 하되, 때에 따라서 하나만 쓸 수도 있어요.

2 인물 사전에 나오는 다음 글을 원고지에 옮겨 써 보세요.

박경리(1926~2008): 소설가, 불신시대·김 약국의 딸들·시장과 전장 등의 소설을 썼다. 그중 토지(1973)는 박경리의 대표작이다. 그녀는……

	박	경	리		19	26		20	08			소
설	가		불	신	시	대	·	김		약	국	의
딸	들	·	시	장	과		전	장		등	의		소
설	을		썼	다	.		그	중		토	지	19	73
는		박	경	리	의		대	표	작	이	다	.	그
녀	는											

하나 더! 문장 부호가 원고지 끝에 걸리면 다음 행에 쓰는 것이 아니라 그 줄의 마지막 칸 안이나 밖에 써 줍니다.

04 원고지에 숫자와 영어 쓰기

① 알파벳 대문자, 낱자로 된 숫자는 원고지 한 칸에 한 자씩 씁니다.

| | A | B | C | D | | 숫 | 자 | 3 | , | 5 | |

② 두 자 이상으로 된 알파벳 소문자와 숫자는 원고지 한 칸에 두 자씩 씁니다.

| | ab | cd | ef | gh | | 숫 | 자 | 35 | , | 54 | |

③ 홀수로 이루어진 알파벳 소문자와 숫자는 앞에서부터 두 자씩 끊어서 씁니다.

| | co | un | t | | 35 | 6 | , | 45 | 8 | |

알아두기 숫자는 한 칸에 원칙적으로 두 개의 숫자를 쓰지만 때에 따라서 한 칸에 한 숫자만 쓸 수도 있어요(예: 3·1운동, 8·15 광복). 원고지 끝에서 '영어나 숫자'로 된 낱말이 끊어진다면 줄을 바꾸지 말고 원고지 바깥쪽 칸에 이어 씁니다. 예를 들어, '2013'을 쓰려고 할 때 20밖에 쓰지 못한다면 원고지 바깥쪽에 이어서 13을 써 주죠. 또, (English)를 쓸 때 'Eng'까지밖에 쓸 수 없다면 원고지 바깥쪽 칸에 'lish)'를 넣어 줘도 괜찮습니다(너무 긴 영어 단어의 경우 원고지 바깥에 붙임표를 한 후 줄을 바꿔서 낱말을 적어 주거나 아예 처음부터 줄을 바꿔서 낱말을 적어도 관계없습니다).

연습하기

1 다음 색깔이 칠해진 칸에 알맞은 숫자나 영어를 〈보기〉에서 찾아 써 보세요.

> 보기   2013, 1, Frozen, 23, goal

❶

			년		세	계		흥	행		영	화
위	는		겨	울	왕	국	(					
이	다	.										

❷

	손	흥	민	이		번	째	골	(	
을		기	록	했	다	.				

하나 더!
영어 대문자와 소문자가 섞인 낱말의 경우 대문자는 한 칸에 한 글자, 소문자는 한 칸에 두 글자를 씁니다. 닫는 괄호는 원고지 오른쪽 바깥쪽에 써 줍니다.

2 원고지에 영어와 숫자 쓰는 방법을 생각하며 주어진 문장을 원고지에 옮겨 적어 보세요.

수학(math) 128쪽 3번 문제를 푸세요.

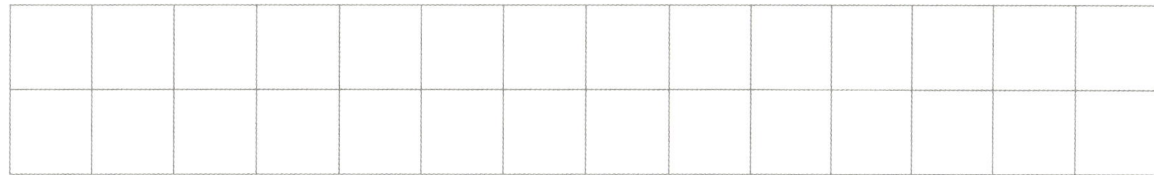

3 인물 사전에 나오는 다음 글을 원고지에 옮겨 적을 때 빠진 영어나 숫자를 채워 주세요.

링컨(Lincoln): 미국의 제16대 대통령(1861~1865), 흑인 노예해방을 선언해 하나의 미국을 만들었다. 1863년 게티즈버그(Gettysburg) 연설이 특히 유명하다.

	링	컨	(	L				)	:	미	국	의
제		대		대	통	령	(			~		) |,
흑	인		노	예	해	방	을		선	언	해	하
나	의		미	국	을		만	들	었	다	.	
	년		게	티	즈	버	그	(				
연	설	이		특	히		유	명	하	다	.	

05 원고지 규칙 정리하고 필사하기

				신	나	는		가	을	소	풍		
						한	울		초	등	학	교	
				3	학	년		8	반		박	준	희
1)													
2)	여	미	지		식	물	원	으	로		소	풍	을		갔	다	. 3)
4)	"	오	늘		날	씨		진	짜		맑	다	!		한	라
	산	이		다		보	여	. "					
	우	진	이	가		큰		목	소	리	로		외	쳤	다	.
	반		아	이	들		모	두	가		"	우	아	! "		라	며	∨5)
6)	감	탄	사	를		내	뱉	었	다	.

알아 두기

원고지 규칙
1) 본문을 쓸 때는 이름을 쓰고 한 행을 띄운 후, 글을 시작합니다.
2) 문단의 첫머리는 한 칸을 비우고 둘째 칸부터 씁니다.
3) 문장 부호가 원고지 끝에 걸리면 문장 부호를 다음 행에 쓰는 것이 아니라 그 줄의 마지막 칸 밖에 써 줍니다.
4) 대화문을 쓸 때는 행을 바꾼 후에 대화문 전체를 한 칸 들여 씁니다.
5) 행의 맨 끝에 띄어쓰기할 칸이 없을 때는 그 행의 맨 끝에 띄어쓰기 표시(∨)를 하고 다음 행 첫 칸부터 씁니다.
6) '~라는, ~라며, ~라고'와 같은 인용구를 쓸 때는 따옴표가 있어도 행을 바꾸지 않고 본문에 이어서 써 줍니다.

연습하기

1 원고지 규칙에 맞게 주어진 글을 원고지에 올바르게 옮겨 써 보세요.

❶
제목: 해리포터를 읽고
소속: 공간 초등학교 3학년 2반
이름: 한서진
본문: "아바다 케다브라!"
볼드모트는 해리포터를 향해 크게 외쳤다.

					해	리	포	터	를		읽	고		
	"	아	바	다		케	다	브	라	!	"			

❷ 한글날(10월 9일): 세종대왕이 창제한 훈민정음의 반포를 기념·축하하기 위해 정한 국경일. 한글을 보급−연구하는 일을 장려하기 위한 날.

❸
제목: 2022 카타르 월드컵
이름: 윤신우
본문: 2022년 카타르(Qatar) 월드컵이 11월 20일~12월 18일까지 열렸다. 공인구로는 알 리흘라가 사용…….

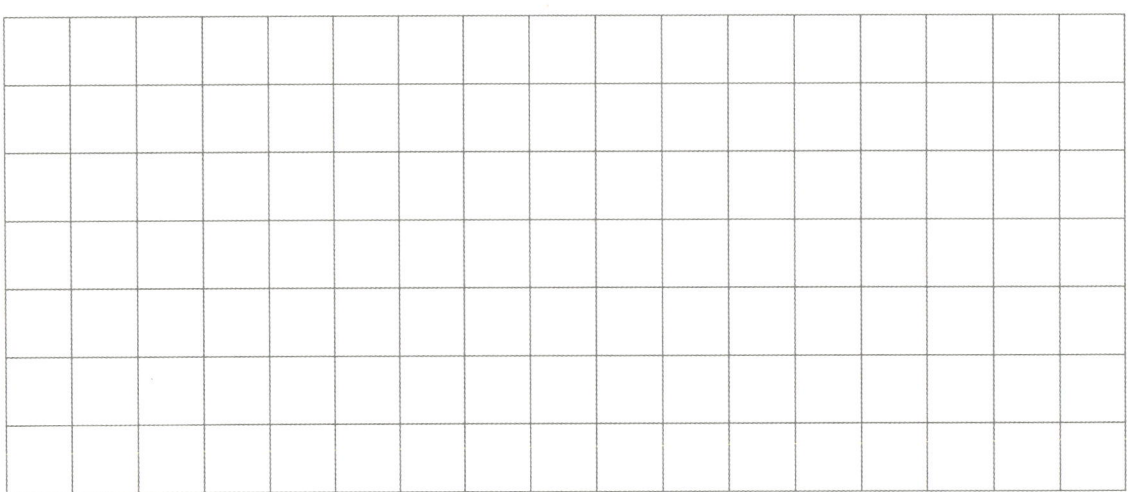

❹
3개월간 열심히 노력했던 바이올린 연주회 날이다.
'오늘은 실수하지 말아야지.'
굳게 다짐하고 무대 위로 올랐다.
"이번 무대는 신비의 곤충 베짱이가 준비했습니다."

제목: 날씨와 생활
소속: 지리산 초등학교
❺ **이름:** 임지민
본문: "아! 또 비 온다."
며칠째 비만 오는 날씨가 이어지고 있다. 인제 그만 와도 좋으련만…….

❻ 스티브 잡스(Steve Jobs): 1955년~2011년, 애플의 창업주. 애플Ⅱ-매킨토시-아이폰 등을 개발했다.

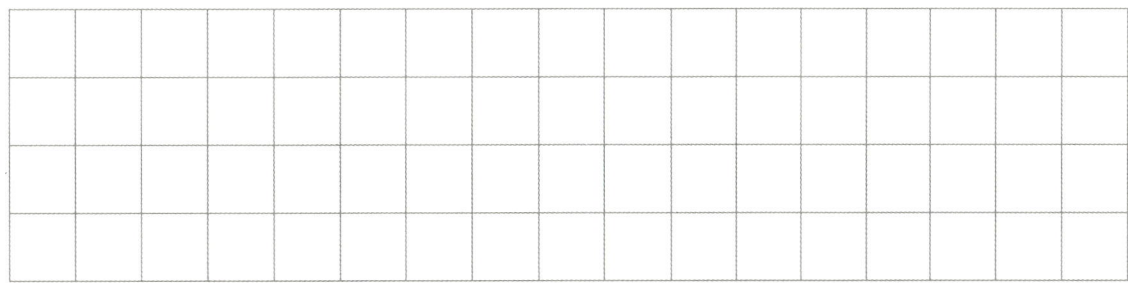

하나 더!
로마자는 한 칸에 한 개의 글자를 씁니다.

5단원

장르 및 목적에 따라 글쓰기 (1)

이것을 배워요!

이 단원에서는 '인상적인 경험 되돌아보기, 다른 사람에게 자신의 마음 표현하기, 만화나 영화 감상하기'와 같은 활동에서 나온 '감정'을 바탕으로 글을 써요. 누구나 자신의 마음을 표현하고 싶은 욕구를 가지고 있어요. 글에 자신의 감정을 구체적으로 표현하면 독자가 글 쓴 사람의 마음을 쉽게 이해할 수 있어요. 어떠한 경험에 대한 자신의 생각이나 느낌을 다양한 관점에서 되돌아보고, 그것을 아름다운 글로 표현해 봐요.

01 일기 쓰기

알아 두기 일기란 '날마다 그날그날 겪은 일이나 생각, 느낌 따위를 적는 개인의 기록'이에요. 꾸준히 쓰면 쓸수록 자신의 감정을 제대로 표현할 수 있어요.

연습하기 [1~2] 오늘 하루 있었던 일을 적은 〈보기〉를 보고, 물음에 답하세요.

보기

시간대	내용
7:00~8:00	7시 30분 기상, 씻기, 엄마가 빨리 일어나라고 재촉함
8:00~9:00	8시 30분 등교, 전교 어린이 회장 선거 유세를 구경함
9:00~12:00	〈국어, 미술, 수학〉 온유가 시끄럽게 떠들어서 힘들었음, 미술 모둠 활동에서 온유와 다툼(검은색 크레파스를 자기만 쓰려고 함), 미술 시간에 만든 문자도가 예뻤음
12:00~13:00	점심시간, 수요일 특식이 나왔음, 스파게티가 맛있었음
13:00~17:00	방과후 생명과학 수업 후 하교, 집에 갈 때 학교 앞 분식집에서 한울이랑 핫도그를 사 먹었음, 수학과 영어 학원에 감, 이번에 시험을 못 봐서 선생님이 보충 수업을 하겠다고 말함ㅜㅜ
17:00~19:00	저녁을 먹고 내가 좋아하는 〈터닝메카드〉를 봄, 가장 행복한 시간임
19:00~21:00	엄마, 아빠, 동생과 가족 독서 및 숙제를 하는 시간, 오늘 읽은 책은 〈만복이네 떡집〉, 너무 재미있었음
21:00~	씻고 꿈나라, 엄마가 내가 좋아하는 세계사 책을 읽어 주셨음

일기로 쓰고 싶은 글감	미운 친구 온유
그에 관한 생각이나 느낌	다른 친구는 아랑곳하지 않고 자기 욕심대로 검은색 크레파스를 쓰는 온유가 미웠다. 온유가 배려심이 없다고 생각했다. 온유에게 앞으로는 그러지 말라고 부탁해야겠다.

1 오늘 하루 나에게 무슨 일이 있었는지 시간대별로 표에 써 보세요.

시간대	내용
7:00~8:00	
8:00~9:00	
9:00~12:00	

2 위에 적은 내용 중 '일기로 쓰고 싶은 글감'을 정해 그에 관한 생각이나 느낌을 간단히 써 보세요.

일기로 쓰고 싶은 글감	
그에 관한 생각이나 느낌	

직접 써 보기 [1~2] 앞에서 쓴 일과표 내용을 토대로 〈보기〉처럼 재미있는 일기를 써 보세요.

20○○년 11월 8일 화요일 날씨: 좋았다가 흐려짐, 비까지 뚝뚝!

제목: 다툼의 시간

보기

미술 시간이었다. 모둠별로 한자의 내용과 관계 있는 그림을 획 속에 그려 넣는 〈문자도〉를 만들었다. 하지만 그 시간이 지옥 같을 줄이야!

우리 모둠은 신(信), 충(忠), 효(孝)를 색칠하기로 했는데 의외로 검은 크레파스를 사용하는 아이가 많았다. 조금씩 양보하면서 사용하면 좋을 텐데, 온유가 검은 크레파스를 자기만 썼다. 온유에게 다른 사람도 써야 한다고 말했지만 그 말에 아랑곳하지 않고 계속 혼자서만 사용했다.

"색연필이 네 것도 아닌데 왜 너만 쓰려고 해?"라고 쏘아붙였다. 그러자 온유는 "내 마음이지! 내가 먼저 집었으니까 내 거야. 기분 나쁘면 뺏어 보든가?"라고 말했다. 그 말에 어찌나 화가 나던지 온유와 크게 말다툼하다가 미술 시간이 끝나고 말았다.

다시 생각해 보니 온유에게 그 말을 들은 내 기분을 자세히 말했다면 아마 내 감정이 이렇게 상하지는 않았을 것 같다.

작품을 다 완성하지는 못했지만 신(信)과 충(忠) 문자도는 정말 예뻤다. 싸우지 않고 완성했다면 기분이 더 좋았을 텐데……. 다음부터는 친구와 다투지 않고 기분 좋게 미술 활동을 하고 싶다.

1 일기로 쓰고 싶은 글감을 골라 주된 내용을 마인드맵으로 나타내 보세요.

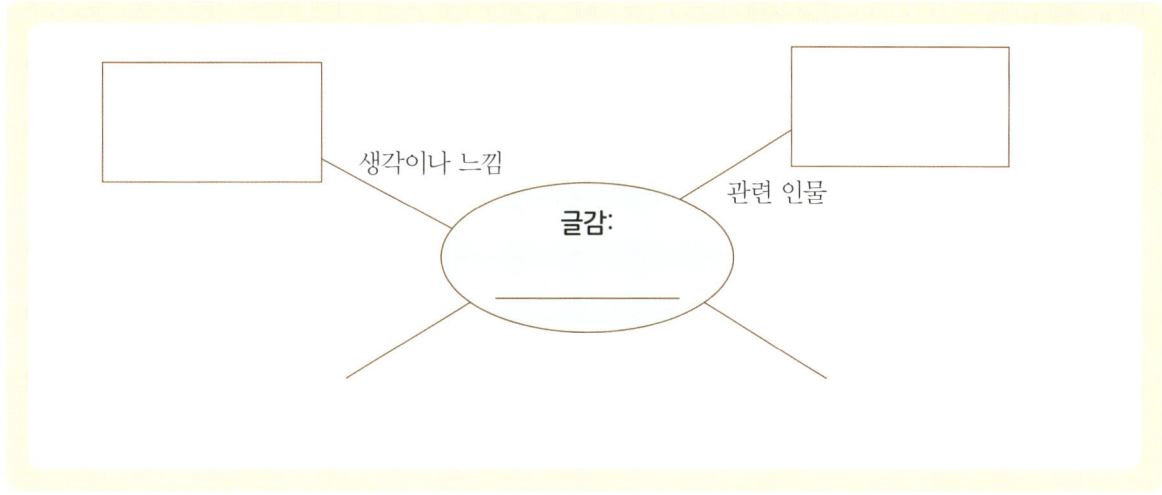

2 위의 마인드맵에서 정리한 내용을 바탕으로 일기를 써 보세요.

날짜	년 월 일 요일	날씨	
제목			

02 생활문 쓰기 (1) - 겪은 일 떠올리기

 생활문은 우리가 보고 듣고 겪은 일 가운데 인상 깊은 일을 소재로 쓴 글을 말해.

 일기가 매일 겪는 일을 스스로 반성하기 위해 적는 글이라면 생활문은 독자가 있어서 형식을 갖춰 써야 해.

 생활문은 자신이 겪은 일을 본 대로, 들은 대로, 느낀 대로 다른 사람에게 이야기하듯 정직하게 쓰면 돼.

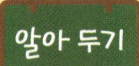 생활문을 쓸 때는 생활 속의 이야기나 경험을 실감 나게 써야 해요. 이를 위해 중요한 것은 겪은 일을 떠올리고 그것을 본 대로, 들은 대로, 느낀 대로 솔직하게 표현하는 거예요. 생활문이 일기와 다른 점은 독자가 있다는 거죠.

연습하기

1 나연이가 생활문을 쓰려고 한 해 동안 겪은 일을 떠올려 다음 표를 완성했어요. 이를 보고, 〈보기〉처럼 '생활문으로 쓰고 싶은 글감'과 '글감에 관한 자기 생각이나 느낌'을 써 보세요.

계절별	봄	소풍	여름	팥빙수
	가을	운동회	겨울	썰매 타기
행사별	소풍	보물찾기	학예회	바이올린 연주
	운동회	줄다리기	여행	가족여행
월별	4월	과학의 날 행사	8월	해수욕장
	10월	단풍놀이	12월	크리스마스
친구별	한얼	다퉈서 말을 하지 않음	선우	독감으로 아팠던 선우
	은별	노래를 잘 부르는 은별이	지민	반장으로 뽑힌 지민이
가족별	엄마	공부 좀 하라고 잔소리하는 엄마	아빠	아빠와의 등산
	동생	내 옷을 물려 입는 동생의 마음	언니	설날에 처음으로 용돈을 준 언니
기타	첫 일출을 보았을 때의 느낌 게임기를 사고 싶은 마음			

보기		
	생활문으로 쓰고 싶은 글감	학예회에서 바이올린을 연주한 일
	글감에 대한 자기 생각이나 느낌	새롭다, 신기하다, 친하다, 힘들다, 벅차다, 재미있다, 감격스럽다, 세심하다, 아쉽다

생활문으로 쓰고 싶은 글감	
글감에 대한 자기 생각이나 느낌	

2 위에 정리한 내용을 바탕으로 생활문으로 쓰고 싶은 일을 〈보기〉처럼 그림으로 나타내고 글을 써 보세요.

보기

나는 오케스트라에서 바이올린을 연주해요. 이번 학예회에서 무대에 올라 처음으로 바이올린을 연주했어요. 연습하는 동안은 힘들었지만, 새롭고 신기한 경험이었어요. 무대를 마치고 사람들이 박수 치는 걸 보니 감격스러웠죠.

03 생활문 쓰기 (2) – 쓸 내용 구체적으로 정리하기

 생활문으로 쓸 글감이 떠올랐다면 거기에서 있었던 일을 구체적으로 생각해 봐.

 생활문으로 쓸 내용을 정리하려면 언제, 어디서, 누구와, 무슨 일이 있었는지 생각해 보면 돼.

 있었던 일을 시간의 흐름이나 원인과 결과에 따라 정리하면 생활문을 쉽게 쓸 수 있어.

알아 두기 생활문의 글감을 떠올렸다면 그 일을 구체적으로 정리해야 해요. 언제, 어디서, 누구와, 무엇을 '했는지, 보았는지, 들었는지'를 생각하면 쉽게 정리할 수 있어요.

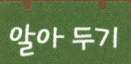

1 친구가 하는 이야기를 읽고, 그 내용을 빈칸에 구체적으로 정리해 보세요.

언제		어디서	
있었던 일			
생각이나 느낌			

2 자신의 기억에 남는 경험을 〈보기〉처럼 구체적으로 써 보세요.

보기

언제	3월 개학식 날	어디서	교실에서
있었던 일	친구를 배려하는 시은이와 옆자리 짝꿍이 되었다.		
들은 것	시은이가 나에게 성격이 참 좋다고 말해 주었다.		
그때의 생각이나 느낌	나를 잘 배려해 주는 시은이를 만나서 기분이 좋았다.		

언제		어디서	
있었던 일			
들은 것			
그때의 생각이나 느낌			

3 위에 쓴 내용을 〈보기〉처럼 원인과 결과에 따라 정리해 보세요.

보기

원인	시은이와 개학 첫날 짝꿍이 되었다.
결과	서로 배려하면서 한 해 동안 가장 친한 친구가 되고 싶은 마음이 들었다.

원인	
결과	

직접 써 보기

1\. 앞에서 정리한 내용을 바탕으로 〈보기〉와 같은 생활문을 직접 써 보세요.

내 생애 최고의 오케스트라

강나연

　10월, 선선한 가을 날씨에 운동장에서 오케스트라 연주회를 개최했다. 3월부터 지금까지 열심히 연습했던 바이올린을 전교생 앞에서 연주한다니 뭔가 새로우면서도 긴장이 많이 됐다.

　아침 10시 30분, 드디어 전교생이 운동장에 모이기 시작했다. 한 학년에 세 반씩, 모두 열여덟 개 반이 운동장에 앉으니 장관을 이루었다. 더욱 긴장돼서 바이올린 활을 잡은 손에 땀까지 났다.

　첫 번째 곡으로 '학교 가는 길'을 연주했다. 긴장을 많이 해서 그런지 약간 음이 틀리기도 했지만 아이들이 연주를 듣기에 큰 무리는 없었다. 음악이 끝나자 우레와 같은 박수가 하늘에 울려 퍼졌다. 긴장이 조금 풀어져서 다음 곡은 더욱 좋은 연주를 할 수 있었다. 음악을 듣고 박수 쳐 주는 친구들이 너무 고마웠다.

　끝나고 나서 속이 시원하기도 했지만 아쉬운 마음이 더 컸다. 내년에 또 기회가 있을 거다. 바이올린을 1년 동안 열심히 연습해서 그때는 더 좋은 연주를 친구들에게 들려주고 싶다.

〈보기〉

내 짝꿍

신민진

　3월, 학년이 바뀌는 개학식 날 떨리는 마음으로 교실에 들어섰다. 긴장돼서 가만히 앉아 있을 수가 없었다. 그때 옆에서 "긴장되지? 나도 그래."라는 부드러운 목소리가 들려왔다. 옆에 앉은 예쁜 짝꿍이 나에게 말을 걸어 준 것이다.

　그 아이의 이름은 박시은! 시은이는 내 첫 친구가 되었다. 한 달 동안 본 시은이는 친구들의 공부를 도와주기도 하고, 여러 가지 물건도 잘 빌려주는 좋은 아이였다. 또 나에게는 성격이 참 좋다며 매번 칭찬을 아끼지 않았다.

　나를 배려해 주는 좋은 친구가 생겨서 얼마나 기쁜지 모르겠다. 시간이 지나면 지날수록 시은이와 더 친해지고 싶다. 시은이와 남은 시간 동안 더욱 친하게 지내야겠다.

　"너를 만난 것은 내게 행운이야. 고마워. 시은아!"

제목 _____

_____
_____
_____
_____
_____
_____
_____
_____
_____
_____
_____
_____

2 위에 쓴 글을 다시 한번 읽고, 부족한 점은 없는지 생각해 보세요.

❶ 본 일, 들은 일, 한 일을 사실대로 구체적으로 썼나요?

❷ 겪은 일에 관한 생각과 느낌을 잘 표현했나요?

❸ 시간의 흐름이나 원인과 결과를 생각해서 썼나요?

❹ 읽는 사람이 이해하기 쉬운 표현을 사용해서 썼나요?

04 편지 쓰기 (1) - 편지의 형식

→ 받는 사람

할머니께

첫인사

할머니 안녕하세요? 저 율하예요.

여름방학을 맞아 지난주에 할머니 댁에 가기로 했었는데 갑자기 비가 많이 내려서 못 갔어요. 꼭 간다고 약속하고 못 가게 돼서 얼마나 속상한지 모르겠어요. 할머니께서 제가 온다고 맛있는 음식 해 놓고 기다리셨다고 들었는데 정말 죄송해요.

그래도 아빠가 다음 주에 일을 쉬셔서 그때는 할머니 얼굴을 보러 갈 수 있을 것 같아요. 할머니 너무너무 보고 싶어요. 다음 주에 가면 할머니 얼굴에 뽀뽀해 드릴게요.

할머니 다음 주에 봬요. 그때까지 안녕히 계세요. → 끝인사

→ 전하고 싶은 말

쓴 날짜 → 2000년 8월 4일

손녀 율하 올림

→ 쓴 사람

알아 두기

편지는 자신이 전하고 싶은 마음을 상대방에게 전달하는 글이에요. 일정한 형식을 갖춰서 쓰면 읽는 사람이 편지에서 하고 싶은 말을 쉽게 이해할 수 있지요. 편지는 전형적으로 '받는 사람, 첫인사, 전하고 싶은 말, 끝인사, 쓴 날짜, 쓴 사람'의 순으로 써요. 여기서는 편지의 형식에 맞게 편지 쓰는 연습을 해 봐요.

연습하기

1 다음 편지를 읽고, 편지의 형식을 생각하며 빈칸에 알맞은 말을 써 보세요.

❶

지웅이에게	받는 사람
지웅아, 안녕? 나 태민이야.	
이렇게 편지를 쓴 이유는 너를 내 생일 파티에 초대하기 위해서야. 이번 주 토요일 12시에 우리 집에서 생일 파티를 하려고 해. 네가 참석해 준다면 정말 고마울 것 같아.	
	끝인사
20○○년 5월 13일	
너의 친구 태민이가	

❷

	받는 사람
	첫인사
쉬는 시간에 주현이랑 장난을 치다가 네 물통을 책상 아래로 떨어뜨려서 깨트렸어. 태현이 네가 무척 아끼는 물통이라고 들었어. 그래서 너무 미안해. 내가 용돈을 조금씩 모아서 꼭 똑같은 걸로 사 줄게. 그때까지 조금만 참아 주면 좋겠어.	
	끝인사
	쓴 날짜
너의 친구 지민이가	쓴 사람

05 편지 쓰기 (2) - 편지의 종류

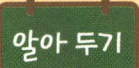 안부, 위문, 초대, 축하, 소개, 사과, 감사, 부탁 등 여러 가지 종류의 편지가 있어요. 편지의 형식은 동일하지만 전하고 싶은 마음이 달라서 편지의 종류를 나눌 수 있는 거죠. 기쁨을 전하는 편지도 있고, 미안한 마음을 전하는 편지도 있어요. 편지를 쓸 때는 편지의 종류에 맞는 '마음을 나타내는 말(고마워, 걱정했어, 축하해요, 감사합니다, 응원해 등)'을 쓰면 좋아요.

연습하기

1 편지의 종류에 맞게 〈보기〉처럼 빈칸에 전하고 싶은 말을 써 보세요.

보기

축하 편지

이모에게

이모, 저 한얼이에요.
이모께서 이번에 좋은 직장에 취직하셨다고 들었어요.
이모께 좋은 일이 생겨서 제 마음도 얼마나 기쁜지 모르겠어요. 이모, 정말 축하드려요!
다음에 꼭 웃는 얼굴로 만났으면 좋겠어요. 안녕히 계세요.

20◯◯년 2월 13일
이모를 좋아하는 한얼 올림

감사 편지

교실 앞을 청소해 주시는 아주머니께

안녕하세요? 아주머니. 저는 3학년 2반에서 공부하는 지민이라고 해요.
 1, 2교시에 저희가 공부하고 있으면 항상 문 앞을 청소해 주시고 지나가는 모습을 뵙게 돼요.

❶ --

다음번에 만나면 꼭 인사드릴게요. 항상 감사합니다.

20◯◯년 9월 1일
감사하는 마음을 담아 지민 올림

❷
소윤이에게 **부탁 편지**

소윤아! 안녕? 나 예리야.
이번에 영어를 공부하려고 하는데 혼자 공부하려니까 잘 안 되네. 혹시 너 나하고 같이 영어 공부할 마음 있니?

같이 영어 공부할 수 있으면 좋겠다. 답장 주길 바라.

20○○년 12월 14일
너와 함께하고 싶은 예리가

❸
수업 시간에 항상 노력하는 하량이에게 **칭찬 편지**

하량아, 안녕? 나 주혁이야.
이번 과학 시간에 알코올램프를 활용하는 실험을 했잖아. 네가 우리 모둠을 위해서 실험에 앞장서는 모습을 보고 대단하다고 생각했어.

항상 노력하는 모습을 보고 많이 배운다. 나도 너처럼 열심히 할게.

20○○년 7월 5일
너의 친구 주혁이가

❹
나의 친구 하람이에게 **소개 편지**

하람아, 안녕? 이번에 전학 올 친구 선우를 소개하려고 해.

선우는 너하고도 마음이 맞는 친구가 될 수 있을 거야. 선우가 전학 오면 셋이 만나서 같이 놀자.

20○○년 3월 1일
너의 좋은 친구 민진이가

직접 써 보기

1 편지를 쓰고 싶은 사람과 그 이유를 써 보세요.

편지를 쓰고 싶은 사람	
그 이유	

2 위에 정리한 내용을 바탕으로 편지의 종류와 전하고 싶은 말을 간단히 써 보세요.

편지의 종류	
전하고 싶은 말	

3 위에 정리한 내용을 바탕으로 〈보기〉와 같이 편지를 써 보세요.

보기

부모님께

　부모님, 안녕하세요? 오랜만에 편지를 드려요.
　알고 계시겠지만 얼마 안 있으면 곧 어버이날이에요. 이런 날이 아니라도 편지를 자주 써야 하는데 그러지 못해서 죄송해요.
　저를 낳아 주시고 키워 주신 은혜 항상 고맙게 생각해요. 부모님 없이 제가 세상에 존재할 수 없다는 것을 잘 알고 있어요. 좋은 모습만 보여 드리고 싶은데 마음처럼 되지 않을 때는 너무 속상해요. 부모님께서 너그럽고 사려 깊게 저를 배려해 주셔서 정말 감사드립니다.
　앞으로도 부모님께서 실망하지 않으시도록 최선을 다할게요. 좋은 하루 보내시고 저도 기쁜 소식만 전해 드리려고 노력할게요.
　부모님 감사합니다.

20○○년 5월 6일
아들 원희 드림

4 위의 편지를 다시 읽고, 들어가야 할 내용 중 빠진 것은 없는지 확인해 보세요.

5 편지 받을 사람을 생각하며 진심으로 썼는지 생각해 보세요.

06 감상문 쓰기 - 재미있게 본 장면 찾기

 감상문이란 내가 감상했던 작품에 관한 생각이나 느낌을 다른 사람에게 전달하는 글이야.

 감상문을 쓰면 내가 본 만화나 영화를 더 깊이 이해할 수 있어. 또, 작품에 대한 재미와 감동을 한층 더 느낄 수 있어.

 기본적으로 독서 감상문을 쓰는 것과 비슷해. 재미있게 본 장면을 찾고, 거기에 관한 생각과 느낌을 쓰면 돼.

알아 두기 감상문이란 '무언가를 보고 그것에 대한 자기 생각이나 느낌'을 쓴 글이라고 할 수 있어요. 기본적으로 책을 읽고 쓰는 독서 감상문을 떠올리면 돼요.

연습하기

1 만화나 영화에서 재미있게 본 장면을 〈보기〉처럼 그림으로 나타내고 간단히 써 보세요.

보기

겨울왕국의 엘사가 자신만의 얼음성을 세우는 장면

102 5단원

2 옆에 그린 장면에서 느낀 생각이나 느낌을 〈보기〉처럼 구체적으로 써 보세요.

보기	장면	엘사가 이제 자기 능력을 숨기지 않고 자유롭게 살아가겠다고 다짐하며 노래를 부르는 장면
	생각이나 느낌	엘사가 자신이 두려워하던 힘을 의연하게 받아들이고, 앞으로는 자유롭고 강하게 살겠다는 마음이 와닿았다. 나도 엘사처럼 멋진 여성이 되고 싶다.

장면	
생각이나 느낌	

3 재미있게 본 장면과 관련된 자기 경험을 〈보기〉처럼 브레인스토밍해 보세요.

보기
- 누구의 힘도 빌리지 않고 운동화 끈을 스스로 맸다.
- 집에 아무도 없을 때 아픈 동생을 보살펴 줬다.
- 1학년 때 처음으로 학교에 혼자 등교했다.
- 버스를 혼자서 타고 집에 돌아온 적이 있다.

직접 써 보기

1 앞에서 정리한 내용을 바탕으로 〈보기〉처럼 감상문을 써 보세요.

Let it Go!

양연후

〈'영화를 보게 된 동기'를 첫 부분에 써 줘요.〉

얼마 전에 도서관에서 '영화 감상회'를 열었다. 그때 상영된 영화가 바로 '겨울왕국'이다. 어렸을 때 본 기억이 있는데 한 번 더 보니 그때의 감동이 다시 밀려왔다.

〈'영화의 줄거리'를 쓰면 읽는 사람이 감상문을 이해하는 데 도움을 줘요.〉

어렸을 때부터 엘사는 모든 것을 얼리는 신비한 힘을 가지고 있었다. 그런데 그 힘으로 동생 안나를 다치게 한 적이 있어서 그때부터 엘사와 안나는 가깝게 지내지 못한다. 부모님께서 불의의 사고로 세상을 떠나고 엘사가 왕의 자리에 오른다. 하지만 즉위식 날 엘사는 안나와의 다툼으로 감춰 뒀던 마법의 힘이 빠져나와 왕국의 모든 것을 얼려 버린다. 당황한 엘사는 왕국에서 도망치고 동생 안나는 언니 엘사를 찾기 위해 위대한 모험을 떠난다.

〈'인상 깊게 본 장면'을 쓰면 독자가 글을 읽는 재미를 한 단계 높일 수 있어요.〉

엘사는 이제 자신의 힘을 숨기지 않는다. 감춰 왔던 힘의 봉인이 풀리자 엘사의 마법은 세상을 변화시킨다. 아무것도 없는 산에 하나의 성이 생길 때까지 자신의 힘을 감추지 않고 마음껏 쓴다. 그때 나오는 노래 'Let it Go!'는 하고 싶은 것을 마음대로 행할 수 있는 힘을 엘사에게 불어넣는다. 엘사가 자신의 힘을 순수하게 받아들이자 나타나는 변화는 나에게 놀라움을 안겨 주었다.

〈'영화를 보고 느낀 점'을 사실대로 구체적으로 쓰면 좋아요.〉

나도 엘사처럼 자유로워지고 싶다. 분명히 좀 더 성장해야겠지만 엘사처럼 내가 잘하는 걸 더 잘할 수 있도록 노력할 것이다. 누군가에게 인정받는다는 것은 어려운 일이다. 엘사는 모든 사람에게 인정받는 왕이 된다. 나도 그렇게 될 수 있도록 최선을 다해야겠다.

동기	
줄거리	
인상 깊은 장면	
느낀 점	

2 글을 다시 한번 읽고 부족한 점은 없는지 생각해 보세요.

3 같은 만화나 영화를 봤더라도 그에 대한 사람들의 생각이나 느낌은 모두 달라요. 다른 사람은 같은 장면을 보고 무슨 생각을 했는지 이야기를 나누어 보세요.

4 재미있게 읽거나 본 장면에서 등장하는 인물이 한 경험과 비슷한 경험을 한 적은 없는지 생각해 보세요.

6단원

장르 및 목적에 따라 글쓰기 (2)

이것을 배워요!

설명하거나 설득하는 글을 쓰려면 문단의 짜임에 대해 알아야 해요. 문단의 짜임을 지키며 글을 써야 독자가 이해하기 쉬운 글을 쓸 수 있기 때문이죠. 보통 한 문단은 중심 문장과 뒷받침 문장의 구조를 갖추고 있어요. 2단원에서 배운 문단의 짜임을 다시 한번 복습하고, 이를 바탕으로 설명하거나 설득하는 글을 구체적으로 써 봐요.

설명하는 글쓰기에서는 '요약하는 방법'을 배워요. 요약하는 방법을 알면 독서 감상문을 쓸 때 자신이 읽은 자료를 다른 사람에게 쉽고 분명하게 소개할 수 있어요. 설득하는 글쓰기에서는 '의견'의 뜻을 알고 뒷받침 문장 쓰는 방법을 배울 거예요. 이를 바탕으로 실제로 자신의 의견을 설득력 있게 주장하는 글을 쓰는 연습을 해 봐요.

01 문단의 짜임 알고 쓰기

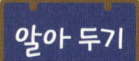 2단원에서 배웠던 문단의 개념을 다시 한번 복습해요. 문단은 '몇 개의 문장이 모여서 한 가지 생각을 나타낸 글'을 의미해요. 중심 문장은 '문단의 내용을 대표하는 문장'을 말하고, 뒷받침 문장은 '중심 문장을 지지하고 보충하는 문장'을 말해요.

연습하기

1 〈보기〉처럼 글을 읽고, 빈칸에 알맞은 '중심 문장'을 써 보세요.

> **화산 폭발로 만들어진 섬**
>
> 보기
> 세계에는 화산 폭발로 만들어진 여러 섬이 있습니다. 우리나라에서 해저의 화산 폭발로 생긴 섬은 제주도, 울릉도, 독도입니다. 미국에서 화산으로 이루어진 섬은 하와이 제도가 있습니다. 하와이 제도에서 가장 큰 '빅 아일랜드'는 아직도 화산에서 불을 뿜고 있습니다. 우리나라 바로 옆에 있는 일본은 땅 대부분이 화산으로 만들어졌다고 해도 과언이 아닙니다. 일본은 현재도 화산 활동이 진행되고 있는 섬나라입니다.

> **치킨의 종류**
>
> 프라이드치킨은 치킨집에서 판매하는 대표적인 메뉴로 닭을 기름에 튀긴 요리를 말한다. 양념치킨은 프라이드치킨에 매콤하고 달콤한 양념을 묻혀 탄생한 요리로 한국에서 처음으로 개발되었다. 또, 간장치킨은 프라이드치킨에 간장소스를 바르고 한 번 더 볶는 요리로 이것도 한국에서 개발했다. 이렇듯 _____
> _____

하나 더!
문단에서 중심 문장을 쓰는 위치는 두괄식(문단이나 글의 첫머리에 씀), 미괄식(문단이나 글의 끝에 씀), 양괄식(글의 앞과 뒤에 반복해 씀) 등 여러 가지가 있습니다.

2 〈보기〉처럼 글을 읽고, 빈칸에 알맞은 '뒷받침 문장'을 써 보세요.

보기

동물들도 자유롭게 살게 해 주세요

야생 서식지를 가꾸어 동물원이라는 감옥에서 동물을 자유롭게 풀어 주자. 동물원에 있는 동물은 좁은 공간에 살면서 사람들의 오락거리가 되고 있다. 이러한 감옥 같은 동물원에 사는 동물은 사람들이 자신을 구경하는 데서 큰 스트레스를 받는다. 하지만 야생 서식지를 만들어 넓은 공간에서 동물을 키운다면, 동물들은 자유를 느낄 것이다. 그리고 사람들이 자유로운 동물을 관람할 수 있는 더 좋은 동물원이 탄생할 것이다.

❶
책을 많이 읽읍시다

다양한 책을 많이 읽읍시다. 여러 가지 책을 읽으면 지식을 얻을 수 있습니다. 또, 책을 읽으면 읽을수록 어려운 글을 이해할 수 있는 언어능력이 높아집니다.

_____
_____
_____

❷
음식을 골고루 먹자!

요즘 급식 먹는 아이들을 보면 편식을 많이 합니다. 편식을 하면 우리 몸에 필요한 영양소를 얻을 수 없습니다. 우리의 몸에 필요한 영양소를 얻을 수 없으면 몸에 불균형이 생겨 병에 걸립니다. _____
_____
_____ 그러므로 음식을 골고루 먹읍시다.

하나 더!
설명하거나 설득하는 글 모두 중심 문장과 뒷받침 문장 간의 관계로 하나의 문단이 만들어져요.

직접 써 보기

1 <보기>처럼 '설명하고 싶은 대상'을 정해서 마인드맵을 그린 후, 이를 바탕으로 한 문단을 써 보세요.

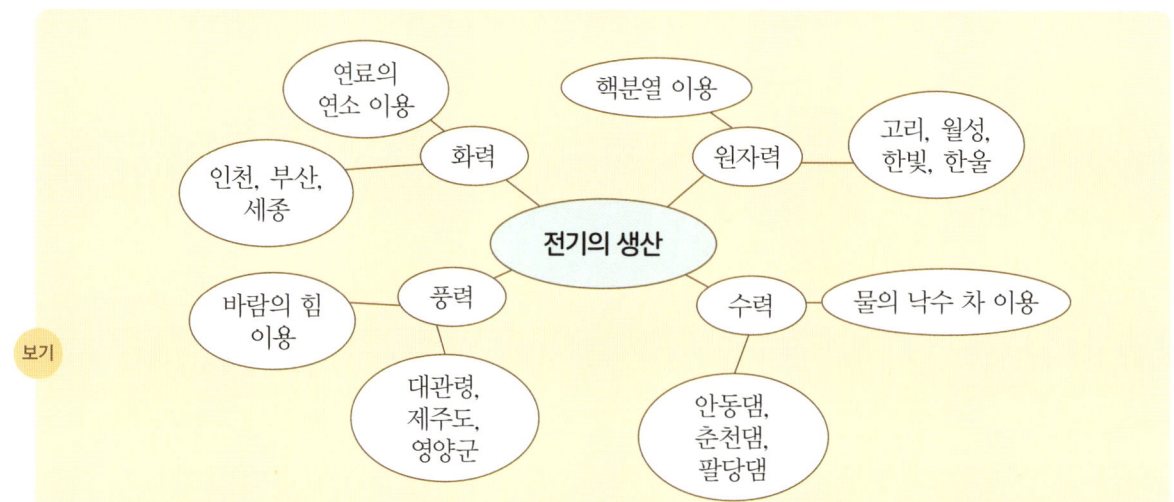

보기

전기를 생산하는 방법으로 원자력, 수력, 화력, 풍력 발전이 있다. 원자력은 핵분열을 이용하여 전기를 얻는 방법으로 우리나라에는 고리, 월성, 한빛, 한울 원자력 발전소가 있다. 수력은 물의 낙수 차를 이용하여 전기를 얻는 방법이며, 대표적으로 안동댐, 춘천댐, 팔당댐 수력 발전소가 있다. 화력은 연료의 연소를 이용하여 전기를 얻는 방법으로, 인천, 부산, 세종에 발전소가 있다. 풍력은 바람의 힘을 이용하여 전기를 얻는 방법으로, 대관령, 제주도, 영양군 등에 많은 풍력 발전 단지가 설치되어 있다.

2 〈보기〉처럼 '설득하고 싶은 주제'를 정해서 마인드맵을 그린 후, 이를 바탕으로 한 문단을 써 보세요.

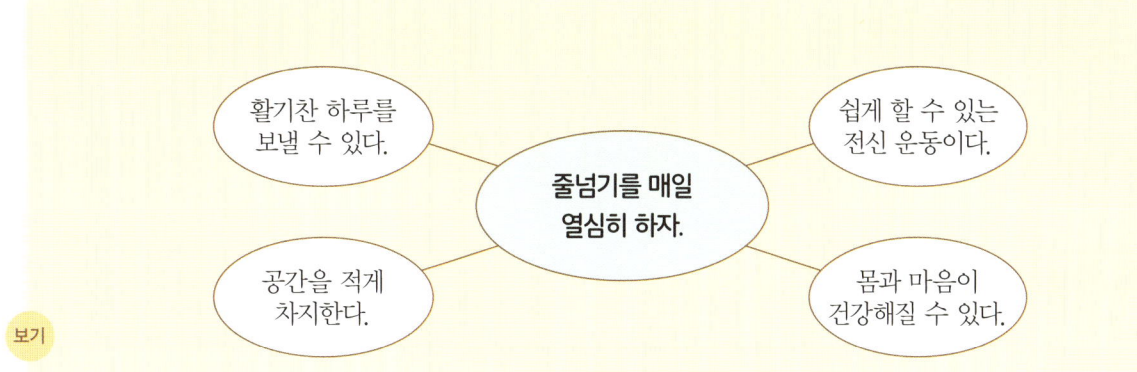

보기

　줄넘기는 공간을 적게 차지해 매일 어디서든 쉽게 할 수 있습니다. 또, 줄넘기는 발은 뛰고 손과 손목은 돌리고 상체는 숙여야 하므로 모든 몸을 움직이는 전신 운동입니다. 아이들은 그것을 하는 자체로 활기찬 하루를 보낼 수 있고, 몸과 마음도 건강해질 수 있습니다. 그러므로 우리는 매일 줄넘기를 열심히 해야 합니다.

02 설명하는 글 (1) - 메모하기

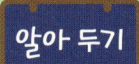 **알아 두기** 우리가 쓰는 글은 대부분 다른 사람의 말이나 글을 활용하는 경우가 많아요. 타인의 말과 글을 그대로 다 쓰면 자신의 글이라고 할 수 없어요. 그러므로 글을 쓸 때는 타인의 말과 글에서 중심 내용만 간추려 쓸 줄 알아야 해요. 이러한 '요약하기'에서 가장 기초적인 방법이 바로 '메모하기'예요.

연습하기

1 한얼이와 소윤이의 '메모'를 보고, 무엇에 관한 메모인지 써 보세요.

<한얼이의 메모>

1. 물을 끓임
2. 면을 넣음
3. 분말 수프와 건더기 수프를 넣음
4. 3~4분 정도 더 끓임

<소윤이의 메모>

농심: 신라면, 너구리, 안성탕면
오뚜기: 진라면, 오동통면, 스낵면
삼양: 삼양라면, 불닭볶음면, 나가사끼 짬뽕
팔도: 남자라면, 꼬꼬면, 비빔면

2 각 인물의 말에서 중요한 내용을 선택해 <보기>처럼 간단히 메모해 보세요.

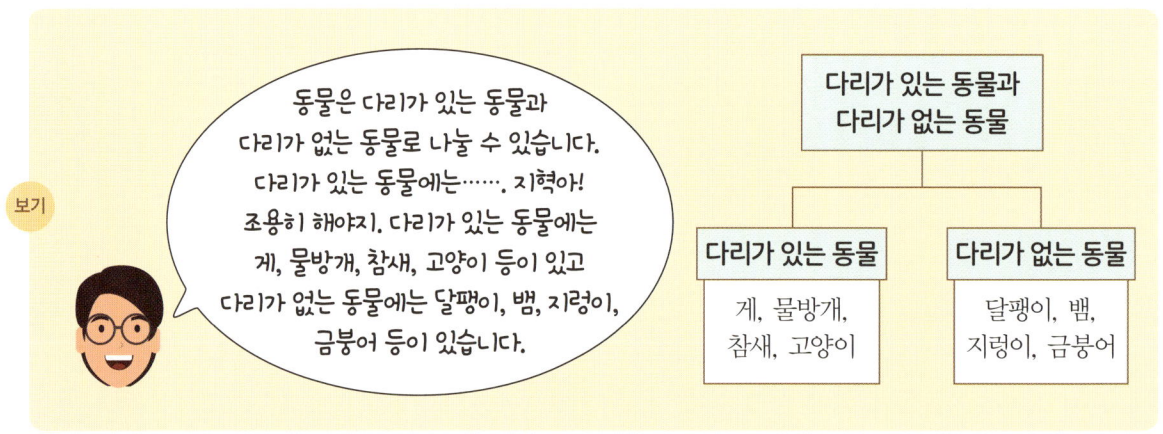

❶ 내일 소풍을 가는데 뭘 준비해야 할까? 맛있는 도시락이랑 약간 추우니까 잠바도 입어야겠다. 참! 내가 학원 숙제를 했나? 음, 그리고 쓰레기봉투도 좀 챙기고 다른 아이들 줄 수 있는 과자도 좀 가져가면 좋을 것 같아. 스마트폰으로 음악을 듣게 이어폰도 챙겨야지!

<소풍 갈 때 챙겨야 할 물건>

소풍 준비물

❷ 제가 어디까지 말했죠? 네, 그러면 공기 중에서 소리가 전달되는 과정을 설명하겠습니다. 우선, 소리가 나는 물체가 떨립니다. 그리고 그 떨림으로 인해 주변의 공기가 떨립니다. 마지막으로 그 떨림이 우리 귓속으로 전달됩니다. 이것이 소리가 공기 중에서 우리의 귀로 전달되는 과정이라고 할 수 있습니다.

<소리 전달 과정>

| ① |
| ② |
| ③ |

❸ 뭐? 어제 태현이랑 주현이가 왜 싸웠는지 궁금하다고? 너 그거 몰랐어? 어제 태현이가 주현이한테 뭐 물어볼 거 있다고 어깨를 세게 쳤나 봐. 근데 주현이가 그저께 어깨를 다쳤었나 봐. 그곳을 세게 치니까 주현이가 아파서 울었어. 태현이는 사과도 안 하고 그냥 갔어. 그래서 서로 말다툼한 거야.

<싸움의 원인과 결과>

| 원인 | |
| 결과 | |

잠깐만!! 메모를 할 수 있는 다양한 구조가 있어요. 좋은 메모를 하려면 구조를 정해서 메모를 읽는 사람이 쉽게 이해할 수 있도록 적어야 해요.

03 설명하는 글 (2) - 글 읽고 내용 간추리는 방법 알기

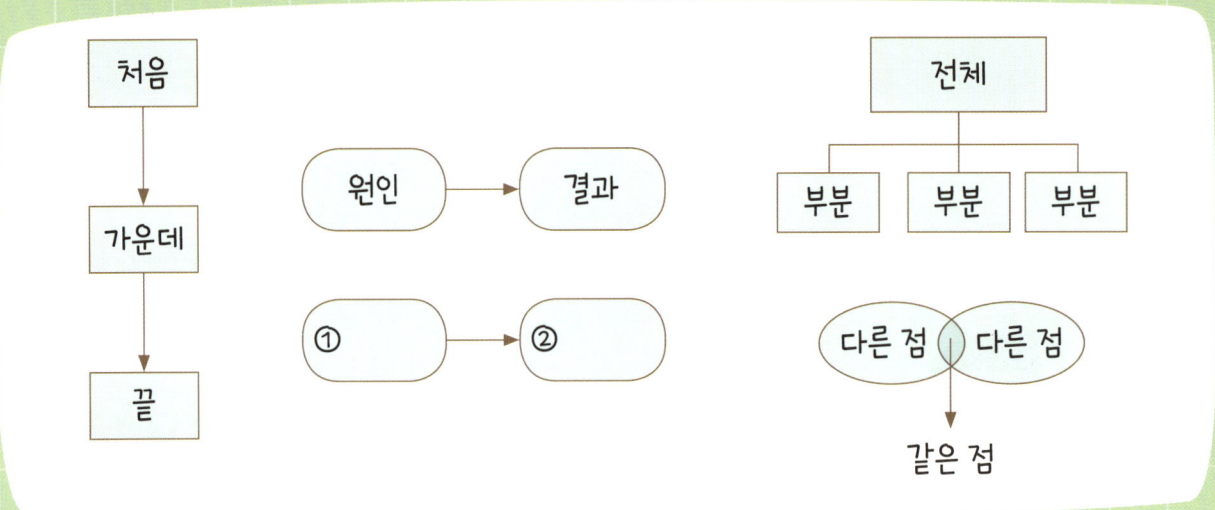

알아 두기 자세하게 쓴 긴 글을 짧게 간추리려면 글의 내용을 파악하고 중요한 부분 위주로 정리하면 돼요. 중요한 부분을 정리하는 방법에는 여러 가지가 있어요. 문단의 중심 문장을 찾고 그것을 하나로 이어서 정리하는 것이 가장 기본적인 방법이죠. 이 외에도 문단의 여러 낱말을 묶을 수 있는 단어(전체와 부분의 관계를 이용)를 사용해 내용을 간추릴 수 있어요. 또 글의 구조를 파악해서 원인과 결과, 비교·대조, 차례에 따라 글을 요약할 수도 있지요.

연습하기 [1~3] 다음 글을 읽고, 물음에 답하세요.

㉠ 길이는 한끝에서 다른 한끝까지의 거리를 말한다. 한 점에서 다른 점까지 일직선으로 그은 후 거리를 재면 그것을 '길이'라고 한다. 이러한 길이는 여러 가지 다른 낱말로 바꾸어 부르기도 하는데 보통 가로의 길이를 너비, 세로의 길이를 높이라고 한다.

㉡ 길이의 단위는 km, m, cm, mm 등 여러 가지가 있다. 각각의 단위는 다른 단위와 연결되어 있다. 1km는 1,000m이고 1m는 100cm와 같다. 또, 1cm는 10mm이다. 이것을 조금 더 구체적으로 나타내면 '1m와 100cm, 1,000mm'는 같은 길이라고 말할 수 있다.

㉢ 길이의 단위가 다양한 이유는 상황에 따라 알맞은 단위를 써야 하기 때문이다. 연필이나 지우개의 길이를 잴 때는 cm와 mm를 쓸 수 있고, 서울에서 부산까지의 거리나 지리산의 높이를 이야기할 때는 km와 m를 사용할 수 있다. 이처럼 여러 가지 상황에 맞는 길이의 단위를 사용하면 듣거나 읽는 사람이 길이에 대해 빠르게 이해할 수 있다.

1 ㉠~㉢ 각 문단의 중심 문장을 찾아 밑줄을 긋고, 중심 문장을 이어서 하나의 글로 써 보세요.

> 길이는 한끝에서 다른 한끝까지의 거리를 말한다.
>
> _____
>
> _____
>
> _____

2 빈칸에 알맞은 말을 써넣어 글의 내용을 요약해 보세요.

> **길이**
> ― _____
> ― 가로의 길이: _____ 세로의 길이: _____
>
> 1cm = _____ mm
>
> 1,000m = _____ km
>
> 길이는 상황에 따라 _____ 를 사용할 수 있다.
> 　　① 연필이나 지우개의 길이: _____ , _____
> 　　② 서울에서 부산까지의 거리, 지리산의 높이: _____ , _____

잠깐만!! 핵심어를 토대로 글을 간추릴 수 있어요.

3 태민이가 길이를 공부하고 글을 썼어요. 빈칸에 알맞은 문장을 써 보세요.

> 　　수학 시간에 '길이'가 무엇인지를 공부하게 되었다. 길이는 _____ 말한다. 길이의 단위는 _____ 등 여러 가지가 있는데 단위가 다양한 이유는 상황에 따라 알맞은 단위를 써야 하기 때문이다. 학교에서 우리 집까지의 거리를 1,000,000mm라고 쓴다면 상당히 불편하지 않을까? 앞으로 _____ 는 생각이 들었다.

04 설명하는 글 (3) - 글을 읽고 내용 간추리기

알아 두기 설명하는 글을 쓰려면 자료를 수집하고 조사해야 해요. 단순히 자료를 모으는 게 아니라 그 자료를 정리해야 하죠. 이때 글을 간추리는 방법을 알고 있으면 설명문에 쓸 자료를 정확하게 요약·정리할 수 있어요. 읽기와 쓰기가 밀접하게 관련되어 있듯이 요약하기 역시 글을 쓸 때 중요해요. 요약하는 방법을 활용하여 다음 쪽에서 자신이 재미있게 읽은 책의 줄거리를 직접 써 볼 거예요. 여기서는 글을 읽고 중요한 내용을 요약하고 정리하는 연습을 실제로 해 봐요.

연습하기 [1~3] 다음 글을 읽고, 물음에 답하세요.

교통수단의 발달

❶ '교통수단'이란 사람이 이동하거나 짐을 옮기는 데 쓰는 수단을 의미한다. 이러한 교통수단을 이용하면 먼 곳을 빨리 갈 수 있다. 또, 한 번에 옮기기에 많은 양의 짐도 교통수단에 실어 한꺼번에 옮길 수 있다.

❷ 옛날 사람들의 교통수단으로는 나룻배, 달구지, 말, 가마 등이 있다. 이러한 교통수단은 자연에서 쉽게 얻을 수 있는 재료로 만들었다. 또, 사람이나 동물, 자연의 힘을 이용해서 움직였다는 특징이 있다.

❸ 하지만 점차 과학기술이 발전하면서 교통수단에도 변화가 나타났다. 사람이나 동물, 자연의 힘을 이용하지 않고도 기계의 힘을 이용하게 된 것이다. 이를 통해 사람은 힘을 덜 들이며 이동하고, 먼 곳을 쉽고 빠르게 움직일 수 있게 되었다.

❹ 오늘날 사람들의 교통수단은 승용차, 버스, 기차, 지하철, 여객선, 비행기 등이 있다. 사람들은 이렇게 다양한 교통수단을 이용하여 먼 곳을 편리하게 이동할 수 있게 되었다. 이제 이동하는 거리나 걸리는 시간에 따라 자신에게 적합한 교통수단을 선택할 수 있게 된 것이다.

❺ 현재는 새로운 교통수단이 등장하고 있다. 드론은 조종사가 타지 않고 멀리서 조종하여 물건을 나를 수 있는 비행기이고, 자율 주행 자동차는 사람이 운전하지 않아도 목적지까지 스스로 움직이는 새로운 교통수단이다. 이처럼 발달을 거듭하면서 앞으로 더욱 새롭고 참신한 교통수단이 등장하게 될 것이다.

1 각 문단의 중심 문장을 찾아 밑줄을 그어 보세요.

2 각 문단의 중요한 내용을 다음 빈칸에 간단히 정리해 보세요.

문단	중요한 내용(핵심어 찾기)
❶	
❷	옛날 사람들의 교통수단, 사람이나 동물, 자연의 힘 이용
❸	
❹	
❺	

3 위에 정리한 내용을 가지고 '교통수단의 발달'에 관해 간단히 다시 써 보세요.

05 설명하는 글 (4) - 자신이 읽은 책 소개하기

연습하기 [1~4] 주혁이가 자신이 읽은 〈해리포터와 마법사의 돌〉을 소개한 글을 읽고, 물음에 답하세요.

얼마 전에 〈해리포터와 마법사의 돌〉이라는 책을 흥미진진하게 읽었습니다. 저는 이 책의 재미를 여러분에게도 소개하고 싶습니다.

이 책의 주인공 해리포터는 어릴 적에 악한 마법사 볼드모트에 의해 부모님을 잃고 이모 페투니아의 집에서 자랍니다. 마법사의 피가 흐르고 있는 해리포터는 나이가 차자 마법사의 학교 호그와트에 입학합니다. 호그와트에서 평생의 친구 론과 헤르미온느를 만나고, 그리핀도르 기숙사에도 들어갑니다. 해리포터는 호그와트에서 여러 가지 마법을 배우고, 또 퀴디치 팀에서 주장을 맡아 즐겁고 재미있는 학교생활을 합니다. 마법사의 돌은 불로장생의 약으로 볼드모트를 추종하는 나쁜 마법사들이 노리고 있었습니다. 해리와 론, 헤르미온느는 마법사의 돌을 지키기 위해 여러 가지 사건에 휘말리고 마지막까지 손에 땀을 쥐는 일을 겪게 됩니다.

〈해리포터와 마법사의 돌〉은 볼드모트와 해리포터 사이의 일뿐만 아니라 신비한 마법사의 학교 호그와트에서 일어나는 갖가지 사건이 독자의 상상력을 자극합니다. 여러분이 꼭 읽어 보고 저처럼 이 책의 재미를 느꼈으면 좋겠습니다.

1 다른 사람에게 소개하고 싶은 책과 그 책에 나오는 인물을 표에 정리해 보세요.

소개하고 싶은 책	그 책에 나오는 인물

2 자신이 소개하고 싶은 책에서 중요하거나 재미있는 부분을 〈보기〉처럼 메모하거나 간단히 써 보세요.

보기
- 해리포터가 빗자루를 처음 타는 순간
- 퀴디치 게임을 하는 그리핀도르 팀
- 론이 마법의 체스를 두는 모습

3 위에 쓴 내용에 대한 생각이나 느낌을 〈보기〉처럼 간단히 써 보세요.

보기
- 해리포터가 빗자루를 탈 때 나도 빗자루를 타고 함께 날고 싶었다.
- 퀴디치 게임에서 해리포터가 스니치를 잡아 승리할 때 가슴이 터질 것 같았다.
- 다른 사람도 이 책의 재미를 깨달으면 좋겠다.

4 위에 쓴 내용을 잘 정리해서 자신이 읽은 책을 남에게 소개하는 글을 써 보세요.

06 설득하는 글 (1) - 의견의 뜻을 알고 올바르게 적기

 여자도 군대에 가야 한다고 생각해. 남녀평등을 생각하면 군대에 가는 것도 남자와 여자가 똑같아야 하지 않을까?

 그 문제에 대해서 여자로서 동의해. 하지만 현재 남자라면 반드시 가야 하는 군대가 가고 싶은 사람만 갈 수 있도록 바뀌는 게 우선이지 않을까? 군대에 가고 싶은 사람만 간다면 불평등하다는 불만도 줄어들게 될 거야.

알아 두기
'어떤 대상에 대해 가지는 생각'을 의견이라고 하는데, 의견은 사람마다 달라요. 서로의 생각이 모두 다양하기 때문이죠. 문제 상황이 발생했을 때 여러 사람의 의견을 듣고 올바른 결정을 할 수 있어야 해요. 여기서는 어떤 '대상'에 대한 자기 생각, 즉 의견을 쓰는 연습을 해 봐요.

연습하기

1 이야기 속의 인물이 한 말로 올바른 것을 찾아 선으로 연결해 보세요.

❶ 엘사(겨울왕국)   •   • ㉠ 용왕님의 병을 고치기 위해서 꼭 토끼의 간을 가져갈 거야!

❷ 스파이더맨   •   • ㉡ 이제부터는 내가 원하는 대로 내가 하고 싶은 것을 하며 살 거야!

❸ 콩쥐   •   • ㉢ 나도 원님의 고을 잔치에 가고 싶어!

❹ 자라(토끼전)   •   • ㉣ 큰 힘에는 큰 책임이 따른다.

❺ 세종대왕   •   • ㉤ 사람들이 글을 쉽게 익혀서 편히 썼으면 좋겠구나!

하나 더!
이야기 속의 여러 인물도 상황에 따라 서로 다른 '의견'을 가지고 있어요.

[2~3] 다음 글을 읽고, 물음에 답하세요.

얼마 전 유튜브에서 '종이컵 실험'이라는 동영상을 보았습니다. 이 실험은 깨끗한 거리의 커다란 돌 위에 자그마한 종이컵 하나를 올려 두는 데서 시작됩니다. 다섯 시간 후 이 종이컵을 올려놓은 돌 위는 어떻게 되었을까요?

놀랍게도 그 돌 위는 쓰레기로 뒤덮여 버렸습니다. 그 옆을 걷던 사람들이 종이컵을 올려놓은 돌 위에 쓰레기를 하나씩 하나씩 올려놓고 지나간 것입니다. 다섯 시간이 흐른 뒤에는 종이컵 말고도 바나나 껍질, 먹다 남은 음식물, 음료가 들어 있는 일회용 컵 등 다양한 쓰레기가 버려져 있었습니다.

종이컵 하나가 많은 쓰레기로 변한 것입니다. 우리는 이 실험을 통해 무엇을 알 수 있을까요?

2 위의 글에 대한 여러 사람의 의견을 읽고, 빈칸에 자신의 의견을 써 보세요.

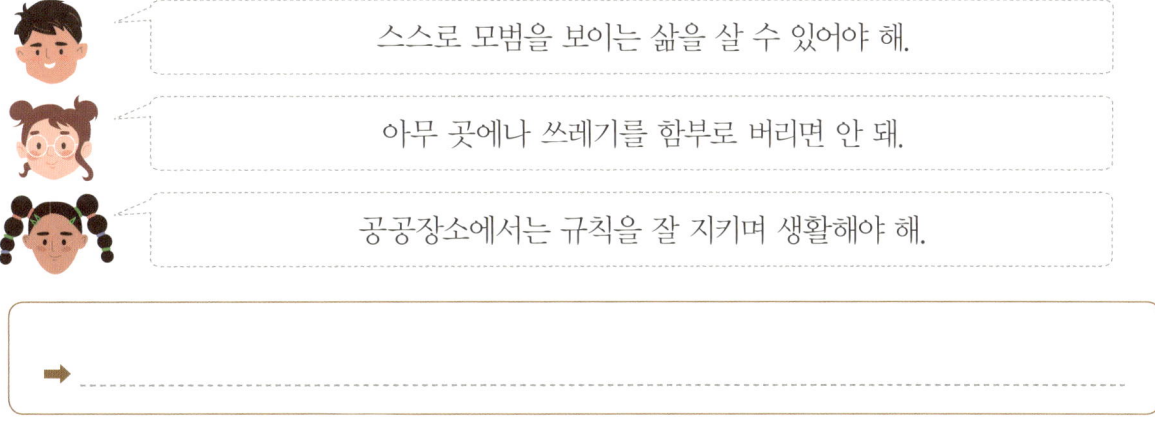

- 스스로 모범을 보이는 삶을 살 수 있어야 해.
- 아무 곳에나 쓰레기를 함부로 버리면 안 돼.
- 공공장소에서는 규칙을 잘 지키며 생활해야 해.

➡

3 위의 글에 대한 온유의 의견을 읽고, 그에 대한 자기 생각을 써 보세요.

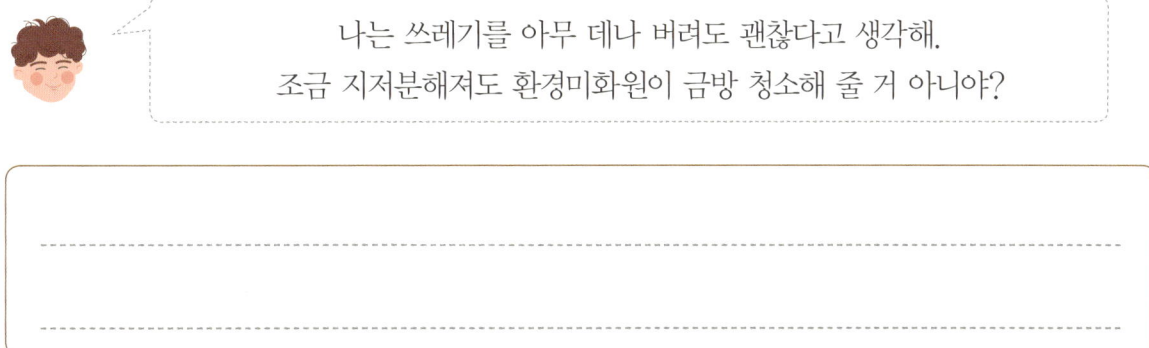

나는 쓰레기를 아무 데나 버려도 괜찮다고 생각해.
조금 지저분해져도 환경미화원이 금방 청소해 줄 거 아니야?

07 설득하는 글 (2) - 글쓴이의 의견과 까닭 파악하기

알아 두기 의견에 대한 적절한 까닭을 쓰기 위해서는 먼저 다른 사람이 설득하는 글을 어떻게 썼는지 읽어 봐야 해요. 문제 상황에 대한 다른 사람의 의견과 까닭을 알고, 자신의 의견과 비교해 보면 더욱 창의적인 아이디어가 나올 수 있어요. 여기서는 다른 사람이 쓴 글에서 의견과 까닭을 파악하고, 문제에 대한 자신의 의견과 까닭은 무엇인지 간단히 표현해 봐요.

연습하기 [1~2] 다음 글을 읽고, 물음에 답하세요.

소중한 가족

❶ 가족은 평생 내 옆에서 기쁨과 슬픔을 함께하는 사람들입니다. 그러므로 함께 살면서 가족의 소중함을 알고 행복하게 지낼 수 있도록 노력해야 합니다. 과연 어떻게 해야 가족 모두가 행복하게 지낼 수 있을까요?

❷ 첫째, 가족끼리 서로 말을 조심해야 합니다. 심한 말을 하면 다른 사람에게 상처를 줍니다. 서로 가까운 사이일수록 말을 조심해야 합니다. 칭찬의 한마디가 가족 모두를 행복하게 할 수 있습니다.

❸ 둘째, 가족끼리 배려하는 마음을 가져야 합니다. 자신만 편하겠다는 생각 때문에 가족 중 한 명이 힘든 일을 겪을 수 있습니다. 자신이 먹고 남은 음식이 담긴 그릇을 치운 적 있나요? 자기 방을 스스로 청소하고 있나요? 내가 하기 싫은 일을 다른 가족 구성원이 하고 있지는 않나요? 배려하는 마음을 가지면 가족 모두가 화목하게 생활할 수 있습니다.

❹ 셋째, 가족 간에 문제가 발생했을 때 대화를 통해 문제를 해결하려고 노력해야 합니다. 서로에게 예쁜 말만 해도 문제가 발생할 수 있습니다. 이때는 서로 아무 말도 하지 않는 것이 아니라 속상한 점을 이야기하고 함께 해결할 수 있도록 노력해야 합니다. 문제에 대해서 대화하다 보면 상대방의 처지를 이해하게 됩니다. 그러므로 가족끼리 대화하는 시간을 꼭 가져야 합니다.

❺ 자신이 먼저 가족을 배려할 수 있도록 꾸준히 노력합시다. 그러면 가족을 사랑하는 마음이 더욱 커질 것입니다. 그리고 더 행복한 가정생활을 할 수 있을 거라고 확신합니다.

1 각 문단의 중심 문장을 정리해 보세요.

문단	중심 문장
❶	어떻게 해야 가족 모두가 행복하게 지낼 수 있을까요?
❷	
❸	
❹	
❺	

2 글쓴이가 이 글을 통해 다른 사람에게 전달하고 싶은 중심 내용은 무엇인지 한 문장으로 써 보세요.

➡ ──────────────────────────────────

직접 써 보기

1 행복한 가족을 만들기 위해 '자신이 할 수 있는 일'과 '그 일을 하면 행복한 가족을 만들 수 있는 이유'를 〈보기〉처럼 써 보세요.

> 보기
> 아침 일찍 스스로 일어난다. 왜냐하면 스스로 일찍 일어나면 부모님께서 나를 깨우는 일에 신경을 쓰지 않아도 되기 때문이다.

➡ ──────────────────────────────────
──────────────────────────────────
──────────────────────────────────

08 설득하는 글 (3) - 의견이 드러나는 글쓰기

연습하기 [1~3] 우리 교실의 문제점과 그 까닭에 대해 시은이가 쓴 다음 글을 읽고, 물음에 답하세요.

저는 반 아이들이 서로 놀리지 않아야 한다고 생각합니다. 요즘 교실에서 누가 누구와 사귄다고 놀리는 일이 많습니다. 또, 친구의 얼굴을 가지고 별명을 부르며 놀리는 일도 많이 일어납니다. 지난번에는 화장실에서 볼일을 보는 칸의 문을 두드리며 "뭐 하고 있냐? 냄새난다!"라며 놀리는 일까지 일어났습니다.

이렇게 놀리면 기분이 굉장히 나쁩니다. 재미로 놀리는 것이지만 당하는 입장에서는 수치심을 느낍니다. 그리고 그렇게 놀리던 아이들도 자신이 놀림을 당하면 얼굴을 붉히고 화를 냅니다. 이렇듯 놀리는 것은 누구에게나 기분 나쁜 일입니다.

사실, 놀리는 것은 일종의 갑질입니다. 자신보다 힘이 없어 보이고 만만한 아이를 놀리는 경우가 많습니다. 자신보다 힘이 세거나 공부를 잘하는 아이를 놀리는 경우는 거의 없습니다. 놀리는 행동은 다른 사람을 우습게 보는 마음에서 나오므로 반드시 없어져야 합니다.

1 시은이가 쓴 반 아이들의 문제점은 무엇인가요?

➡ _____

2 위의 글을 읽으면서 생각나는 우리 교실의 문제점은 무엇인가요?

➡ _____

3 자신이 생각한 우리 교실의 문제점을 마인드맵의 가운데 원 안에 쓰고, 그것이 문제인 까닭과 해결 방법을 써 보세요.

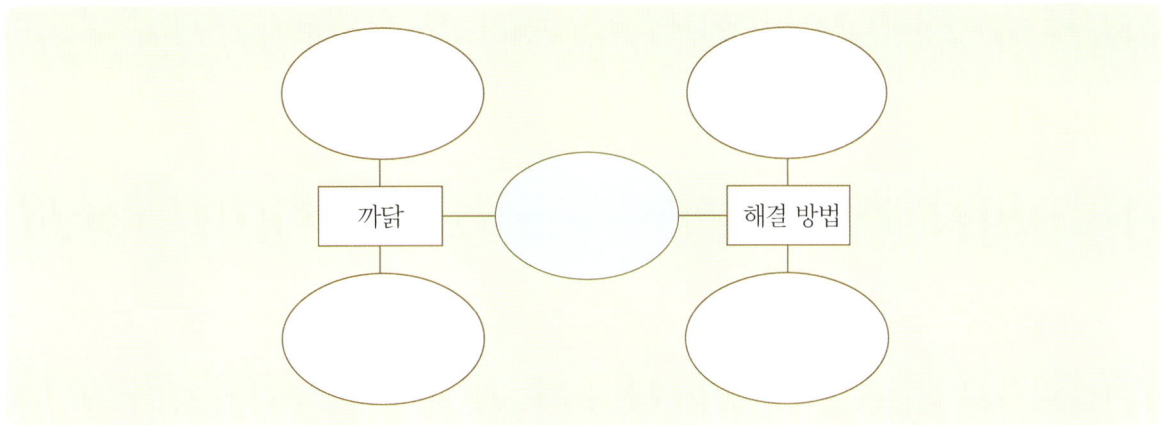

직접 써 보기

1 위의 내용을 바탕으로 '우리 교실의 문제점과 그 까닭'을 주제로 설득하는 글을 써 보세요.

제목

7단원

여러 가지 글 익히기

이것을 배워요!

여러분은 글을 어떻게 쓰나요? 자신도 잘 모르는 내용에 관해 쓰는 것만큼 어려운 일은 없을 거예요. 글을 쓸 때는 먼저 자신이 아는 것을 떠올리고, 모르는 부분에 대해서는 여러 가지 자료를 조사·수집하는 등 글을 쓸 준비를 충분히 해야 해요. 이 단원에서는 생각을 떠올리고 정리하는 대표적인 방법인 브레인스토밍과 마인드맵을 복습하고 새로운 '내용 조직'의 방법으로 '개요 짜기'를 배울 거예요.

이를 바탕으로 독서 감상문을 쓰고, 교과서 글쓰기를 배우는 시간을 가져요.

01 브레인스토밍

알아 두기 글을 쓰기 전에 어떤 내용을 쓸지 떠오르는 것들을 자유롭게 써 보는 것이 바로 브레인스토밍(brainstorming)이에요. 브레인스토밍은 자유롭게 생각을 떠올리는 내용 생성의 방법이기 때문에 글을 쓰기 전에 많이 사용하지요.

연습하기 [1~2] 다음 자료를 보고, 물음에 답하세요.

물에 사는 동물에는 붕어, 피라미, 게, 자라, 상어, 고래, 오징어, 소라, 다슬기 등이 있습니다.

개구리와 자라는 물과 땅을 왔다 갔다 하며 삽니다. 물속에 들어갈 때는 물갈퀴가 있는 발을 이용하여 헤엄을 칩니다.

1 '물에 사는 동물의 특징'에 대해 '이미 알고 있는 내용'과 '쓰고 싶은 내용'을 자유롭게 써 보세요.

이미 알고 있는 내용	물고기는 비늘로 덮여 있다.
쓰고 싶은 내용	

2 위에 쓴 내용 외에 '물에 사는 동물의 특징'이라는 주제로 글을 쓸 때 쓰고 싶은 내용을 자유롭게 떠올려 써 보세요.

지느러미, 다슬기,

직접 써 보기 [1~3] 다음 책의 표지와 책 속 그림을 보고, 물음에 답하세요.

1 표지와 책 속 그림을 보고, '의식주'에 대해 '이미 알고 있는 내용'과 '쓰고 싶은 내용'을 자유롭게 적어 보세요.

이미 알고 있는 내용	의식주의 뜻.
쓰고 싶은 내용	

2 위에 쓴 내용 외에 '의식주'라는 주제로 글을 쓸 때 쓰고 싶은 내용을 자유롭게 떠올려 써 보세요.

이층집, 아파트, 한옥,

3 위에서 브레인스토밍한 내용 중 비슷한 느낌의 낱말을 〈보기〉처럼 선으로 묶어 보세요.

보기
이층집, 아파트, 한옥, 햄버거, 커피, 보호, 필요, 안전, 청바지, 치마, 블라우스, 셔츠

02 마인드맵 그리기

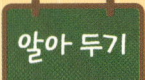 쓸 내용에 대한 자료를 조사한 후 마인드맵으로 정리하는 활동을 해 봐요. 자료를 읽고 그 내용을 정리하지 않으면, 글을 제대로 쓸 수가 없어요. 마인드맵은 그리는 방법과 모양이 꼭 정해져 있지 않아요. 글의 흐름에 따라 알맞은 모양으로 마인드맵을 수정해도 괜찮아요.

연습하기

1 다음 글을 읽고, 마인드맵으로 자료의 내용을 정리해 보세요.

> 책상 위에 유리구슬, 종이 빨대, 철 클립, 철 집게, 철사, 쇠못, 지우개, 플라스틱 단추, 연필이 있습니다. 만약 여기에 자석을 가져다 대면 자석에 붙는 물체는 무엇일까요?
>
> 유리구슬, 종이 빨대, 지우개, 플라스틱 단추, 연필은 자석에 붙지 않습니다. 하지만 철 클립, 철 집게, 철사, 쇠못은 자석에 붙습니다. 왜 이러한 현상이 나타나는 걸까요?
>
> 그것은 자석의 성질 때문입니다. 자석은 철로 만든 물체를 끌어당기는 힘을 가지고 있습니다. 유리, 종이, 고무, 플라스틱, 나무는 철이 아니기 때문에 자석으로 끌어당길 수 없습니다.
>
> 이러한 자석의 성질을 활용하여 여러 가지 물건을 만들 수 있습니다. 예를 들어, 클립 통의 윗부분을 자석으로 만들면 클립이 흩어지지 않게 보관하기 쉽습니다. 또, 서랍의 입구 부분을 자석으로 만들어 놓으면 서랍 문을 여닫을 때 좀 더 편리하게 이용할 수 있습니다.

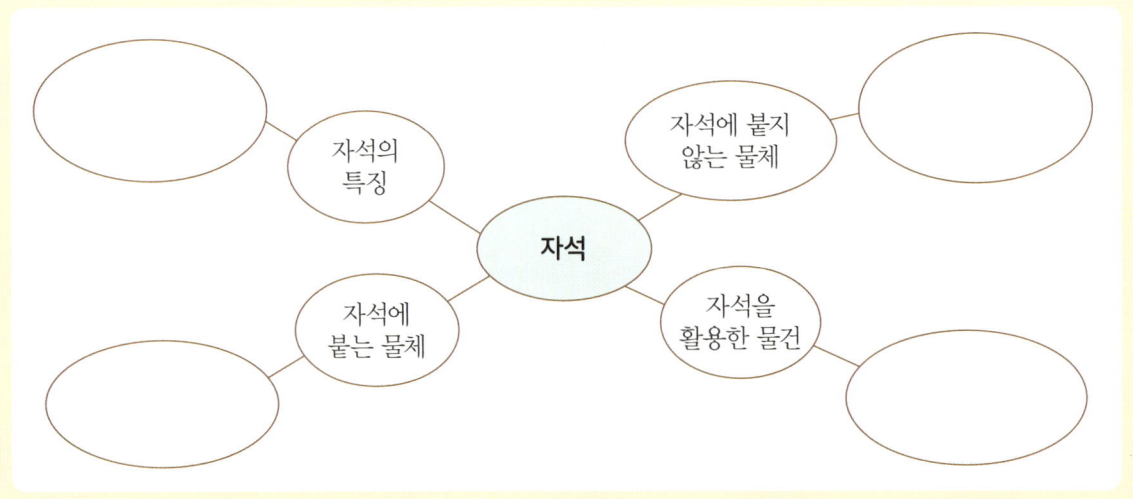

2 다음 대화를 읽고, 마인드맵으로 정리해 보세요.

하람 이번에 '우리 가족'에 대한 글을 쓰려고 해요. 혹시 각자 좋아하는 것이나 싫어하는 것, 또는 하고 싶은 것이나 저에게 바라는 점을 말해 줄 수 있을까요?

동생 오빠! 글을 쓰려고 해? 재밌겠다! 나도 오빠처럼 글을 쓰고 싶어. 음, 내가 요즘 좋아하는 건 갓 구운 빵 냄새야. 집 앞에 빵집이 생겼는데 그 앞을 지나는 게 참 즐거워. 싫어하는 건 음…… 별로 없는 것 같아. 나도 오빠처럼 좋은 글을 쓰고 싶고, 조금 있다가 오빠가 나랑 놀아 주면 좋겠어.

아빠 하람이가 글을 쓴다니 마음이 뿌듯하구나! 앞으로도 열심히 하렴. 아빠는 요새 사진 찍는 게 즐겁단다. 아침 일찍 풍경 사진을 찍으면 그렇게 기분이 좋을 수가 없어. 싫어하는 것은 요즘 미세먼지가 심해서 편하게 숨을 쉬는 게 힘들구나. 하고 싶은 것은 하람이, 하연이와 함께 시골에 가서 할머니를 뵙고 싶어. 바라는 것은 우리 하람이가 할머니께 편지를 써 주면 좋겠구나.

엄마 어머! 엄마는 하람이와 대화할 때 너무 즐거워. 글을 쓴다고? 엄마가 좋아하는 거? 아까도 얘기한 것처럼 엄마는 가족들과 대화할 때가 좋아. 싫어하는 것은 아빠가 사진 찍는 것에 빠져서 주말마다 밖으로 나가는 게 싫단다.

아빠 여보, 미안해요. 이번 주는 집안에서 당신을 열심히 도울게요.

엄마 하하. 고마워요. 꼭 약속 지키기예요. 요새 하고 싶은 것은 가족끼리 봄꽃 보러 가고 싶어. 하람이에게 바라는 것은 하나도 없어. 아빠가 안 나가는 게 엄마가 바라는 점이었던 것 같아.

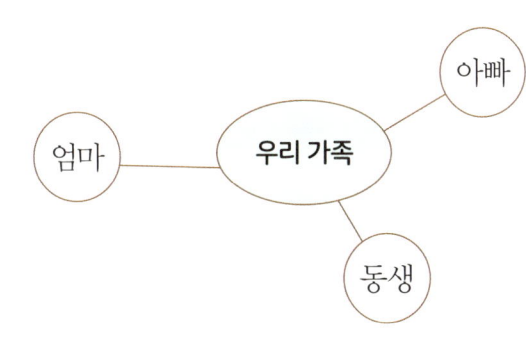

직접 써 보기 [1~2] 다음 '생명을 소중히 하자'라는 주제의 자료를 읽고, 물음에 답하세요.

가) 20○○년 6월 28일 경기도 군포에서 제동장치가 풀린 트럭이 길을 가던 한 여성을 덮치는 사고가 발생했습니다. 여성은 트럭에 깔려 움직이지 못했고, 시간이 흐르면 자칫 목숨까지 잃을 수 있는 상황이었습니다. 그 장면을 목격한 주변에 있던 사람들이 트럭에 가서 트럭을 밀기 시작했습니다. 한 사람이었다면 꿈쩍도 하지 않을 트럭이었지만 주위 20여 명의 사람이 밀기 시작하자 트럭이 조금씩 움직이기 시작했습니다. 주변 사람들의 도움으로 여성은 가까스로 목숨을 구할 수 있었습니다. 트럭을 밀었던 사람들은 사람의 목숨을 살리는 일인데 당연한 일을 한 것뿐이라며 여성의 사례를 한사코 거절했습니다.

나) 강원도 시골의 한적한 마을에서 가슴 따뜻한 일이 있었습니다. 마을에서 사용하던 오래된 우체통이 있었습니다. 이 우체통에 한 마리의 새가 둥지를 틀었고, 마을 사람들은 우체통에 편지를 넣으면 그 새의 새끼들이 놀랄까 봐 걱정을 하였습니다. 그래서 마을 주민들은 뜻을 모아 우체통에 사람들이 접근하지 못하도록 하고 우편물을 그 옆에 놓도록 조치를 취했습니다. 우체통에 둥지를 튼 새는 마을 사람들의 보살핌 속에 새끼들을 잘 키울 수 있었습니다. 마을 사람들은 서로 불편을 감수하고 작은 생명을 지키기 위한 아름다운 일에 동참했습니다. 앞으로 이렇게 생명을 사랑하는 일이 주변에 자주 생겼으면 하는 바람입니다.

1 가) 자료를 마인드맵으로 정리한 것처럼 나) 자료를 마인드맵으로 정리해 보세요.

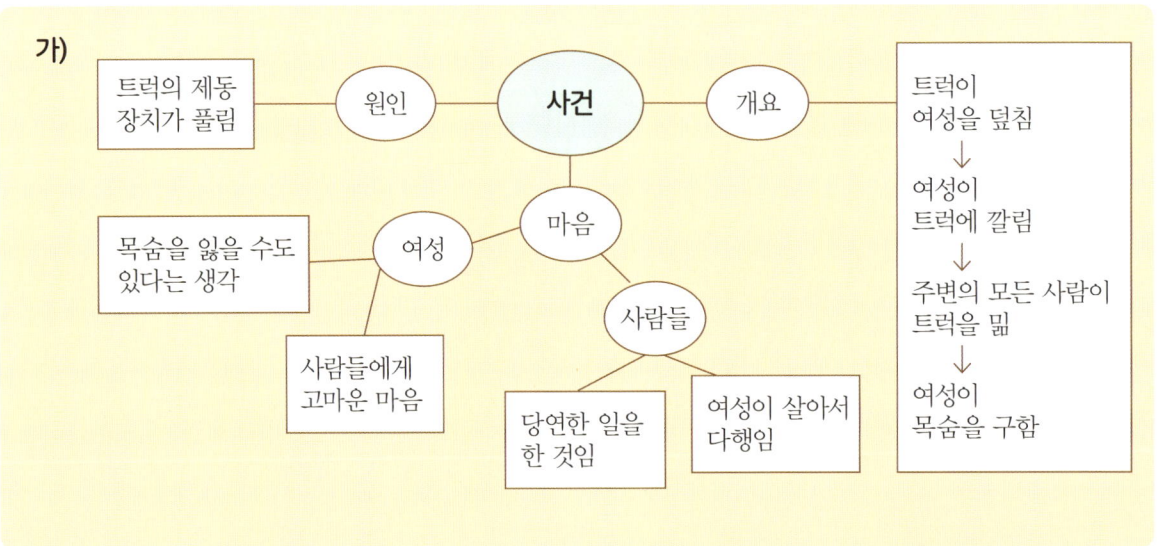

나)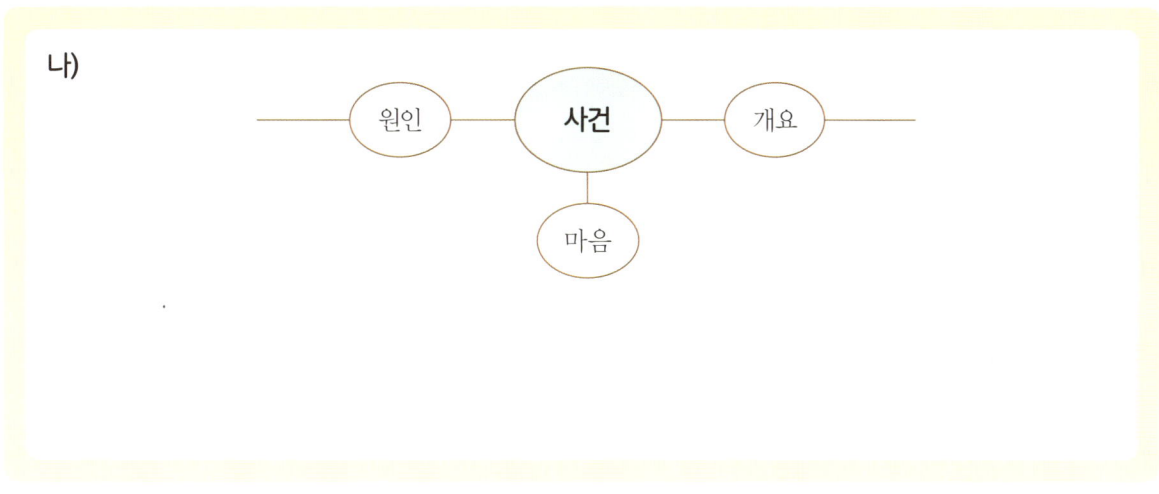

2 '가) 마인드맵'에 정리한 내용을 가지고 쓴 〈보기〉의 한 문단처럼 '나) 마인드맵'을 활용하여 한 문단을 써 보세요.

〈보기〉
우리 주변에는 생명을 소중히 하는 여러 가지 사례가 많습니다. 특히 얼마 전 제동 장치가 풀린 트럭에 깔린 여성을 사람들이 힘을 합쳐 살리는 일이 경기도 군포에서 발생했습니다. 여성은 자칫하면 목숨을 잃을 뻔한 상황에서 주위 사람들의 도움으로 목숨을 구했습니다. 사람들은 사람의 목숨을 구하는 것은 당연한 일이라며 여성이 살아나서 다행이라고 말했습니다. 이처럼 사람들은 생명을 소중히 여기고, 서로 도와 가며 살아가고 있습니다.

03 개요 짜기

알아 두기 개요란 사전적 의미로 '간결하게 추려 낸 주요 내용'을 말해요. 글을 쓸 때 개요를 짜는 것이 중요한데, 그 이유는 개요가 글의 뼈대를 의미하기 때문이에요. 글의 뼈대(구조)가 제대로 서지 않으면 글을 완성할 수 없겠지요.

연습하기

1 예리가 '음식을 만드는 도구의 발달'을 주제로 글을 쓰려고 짠 개요를 살펴보고, 빈칸에 알맞은 낱말이나 문장을 써 보세요.

문단	핵심어나 중심 문장
처음	• 옛날: 돌이나 흙을 재료로 사용 • 오늘날: 철을 재료로 씀 • 음식을 만드는 도구가 점점 발달함
가운데	• 토기 → 가마솥 → 전기밥솥 • 갈판과 갈돌 → 맷돌 → 믹서
끝	도구의 발달로 음식을 빠르고 간편히 만들 수 있음

하나 더! 개요를 짤 때는 핵심어나 중심 문장 등으로 간단하게 적어요.

　옛날에는 _____을(를) 재료로 음식을 만드는 도구를 만들었지만 세월이 흐르면서 그 재료가 점차 _____(으)로 변화했습니다. 이렇게 음식을 만드는 도구가 발달하면서 사람들의 생활 모습도 큰 변화를 겪었습니다.
　예를 들면, 토기가 _____.
그리고 갈판과 갈돌이 _____
_____.
　이러한 음식을 만드는 도구의 발달로 이제 우리는 _____
_____.

2 자신이 재미있게 읽었던 책을 대상으로 〈보기〉처럼 개요를 완성해 보세요.

보기

책 제목	아낌없이 주는 나무
책을 읽게 된 동기	어버이날을 맞이해서 선생님께서 꼭 읽어 보라고 권하셨다.
줄거리	• 나무와 소년의 이야기 • 나무는 소년에게 자신의 모든 것을 준다.
인상적인 부분	노인이 되어 힘든 소년에게 자기 밑동에 앉으라고 말하는 나무
책에 관한 생각이나 느낌	부모님의 큰 사랑을 알고 효도해야겠다는 생각이 들었다.

> **하나 더!**
> 개요는 꼭 '처음, 가운데, 끝'으로만 짜는 것이 아니에요.
> 자신이 쓰고 싶은 글의 종류에 따라 '뼈대'의 구성도 달라져요.

책 제목	
책을 읽게 된 동기	
줄거리	
인상적인 부분	
책에 관한 생각이나 느낌	

04 독서 감상문 쓰기 (1) - 동기

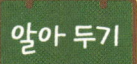 **알아 두기** 독서 감상문은 일반적으로 '책을 읽게 된 동기, 책의 내용, 책에 관한 생각이나 느낌'의 세 부분으로 구성돼요. 그중에서 '책을 읽게 된 동기'에는 '누군가가 읽어 보라고 했다'거나 '그냥 옆에 있어서 읽어 봤다'는 얘기를 쓰는 경우가 많아요. 하지만 그것보다는 자신이 읽고 싶은 책을 직접 골랐던 구체적인 경험을 적는다면 더 좋은 독서 감상문을 쓰는 첫걸음이 될 수 있어요.

연습하기 [1~2] 다음 글을 읽고, 물음에 답하세요.

〈태현〉

나는 도서관에서 책을 빌릴 때 내가 관심 있는 생물 분야의 책을 먼저 검색하고 가. 지난번에 〈곤충 체험 백과〉를 읽었는데 거기서 〈파브르 곤충기〉라는 책을 추천하더라고. 그래서 인터넷으로 '파브르'를 검색해 봤더니, 그 사람이 쓴 여러 권의 책이 나오더라. 이번에 도서관에 가서 '파브르 곤충기' 시리즈 중 몇 권을 읽어 보고 괜찮으면 직접 서점에 가서 구입도 하려고 생각 중이야.

〈소윤〉

내가 좋아하는 작가는 〈건방진 수련기〉를 쓴 천효정 작가와 〈만복이네 떡집〉을 쓴 김리리 작가야. 나는 그분들의 신간이 나오기를 손꼽아 기다리고 있어. 신간이 나오면 바로 도서관에 신청해서 읽고, 마음에 들면 구입도 하려고 해. 참, 네가 좋아하는 작가는 누구니?

1 태현이와 소윤이가 도서관에서 책을 고르는 방법은 무엇인지 빈칸에 알맞은 말을 써 보세요.

❶ 태현이는 자신이 관심 있는 책을 _____을 통해 알아본 후 도서관에 갑니다.

❷ 소윤이는 자신이 _____의 신간이 나오면 도서관에 책을 신청해서 빌려 읽습니다.

2 여러분이 도서관에서 책 고르는 방법을 써 보고, 없다면 앞으로 어떻게 책을 빌리고 싶은지 간단히 정리해 보세요.

---

3 〈보기〉처럼 상황을 읽어 보고, 책을 읽게 된 '동기'를 써 보세요.

보기

상황	동기
엄마 온유야, 네가 읽고 싶은 책을 골라 보렴. **온유** 책 고르는 건 너무 어려워요. 엄마가 골라 줘요!	이번에 도서관에 갔는데 책을 고르는 게 너무 어려웠다. 엄마가 내가 읽고 싶은 책을 골라 보라고 했지만 도저히 선택할 수 없어서 결국 엄마에게 부탁했다. 그렇게 만난 책이 바로 이 책이다.

❶

상황	동기
지연 선우야, 도서관에서 무슨 책 빌릴 거야? **선우** 선생님께서 〈아낌없이 주는 나무〉라는 책을 꼭 읽어 보라고 하셨어. 그래서 그 책을 읽어 보려고.	

❷

상황	동기
시우가 서점에서 역사 분야의 책을 고르고 있다. '지난번에 만화로 본 삼국지가 너무 재미있었어. 이번에는 나관중이 쓴 진짜 삼국지를 읽어 보고 싶어. 유비, 관우, 장비는 어떤 삶을 살았을까?'	

04. 독서 감상문 쓰기 (1) - 동기

직접 써 보기 [1~5] 읽었던 책 중에서 하나를 골라 독서 감상문을 써 보세요.

1 도서관에서 자신이 읽을 책을 스스로 고를 수 있는 여러 가지 방법을 생각나는 대로 써 보세요.

> 좋아하는 작가, 좋아하는 분야의 책, 인터넷 검색,

2 위에 브레인스토밍한 내용을 마인드맵으로 정리해 보세요.

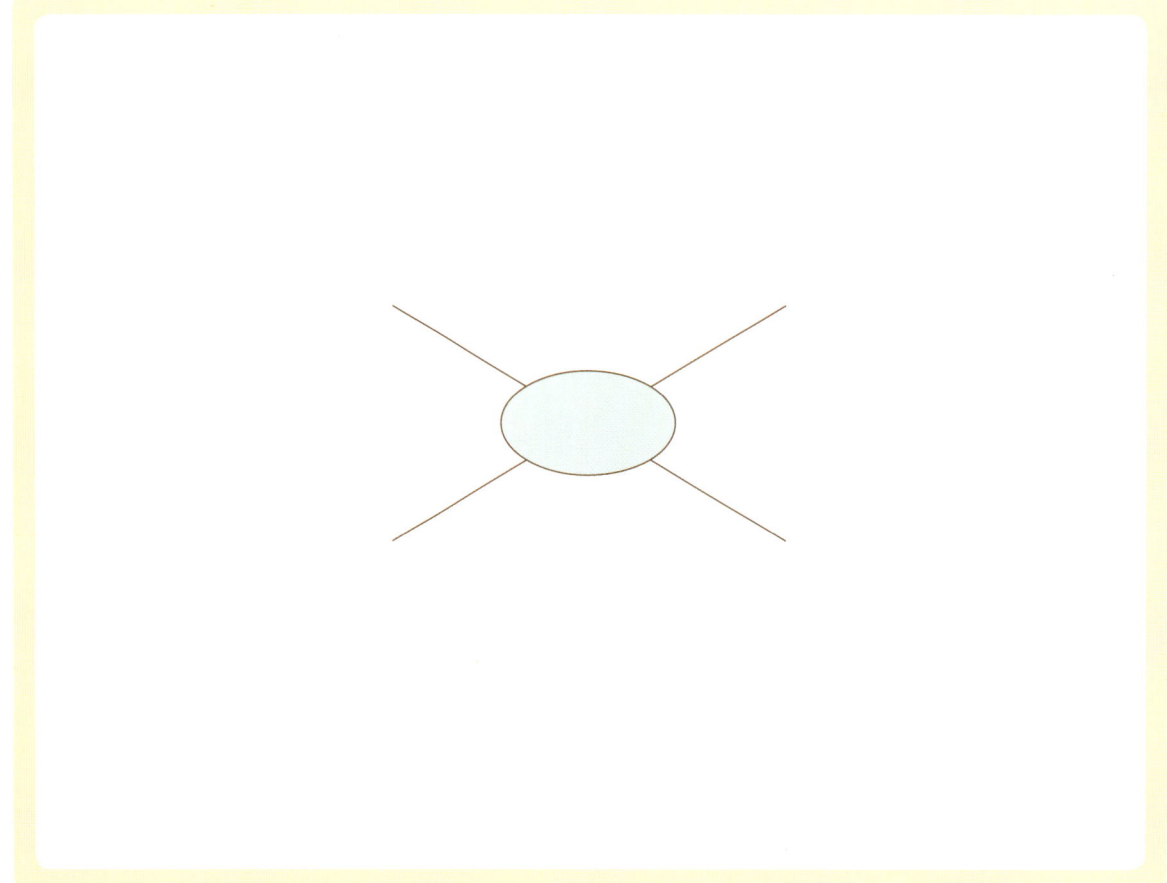

3 기억에 남는 책을 읽었던 경험을 떠올리고, 그 책을 읽게 된 동기를 위의 마인드맵에서 찾아 ○표 해 보세요.

4 독서 감상문을 쓰기로 정한 책에 관해 개요를 완성해 보세요.

책을 읽게 된 동기	
책의 줄거리	
책에 관한 생각이나 느낌	

하나 더! 개요 작성 기준은 자신이 쓸 글의 구조에 따라 더하거나 뺄 수 있어요.

5 위에 쓴 내용을 바탕으로 '책을 읽게 된 동기'를 강조하여 독서 감상문을 써 보세요.

05 독서 감상문 쓰기 (2) - 인상 깊은 부분 표현하기

알아 두기

책을 읽으면서 갑자기 가슴이 뛰거나 슬퍼서 눈물이 난 적 있나요? 우리는 책의 모든 내용을 좋아하지는 않아요. 다만, 이야기가 진행되면서 자기 가슴을 뛰게 할 만한 인상적인 부분을 좋아하는 것이죠. 독서 감상문을 쓸 때는 자신이 인상적이었던 부분을 사람들에게 전달할 수 있어야 해요.

연습하기

1 다음 글을 읽고, 인상 깊은 내용을 쓴 사람이 누구인지 ○표 해 보세요.

〈나연〉
　포가 먹을 것을 찾아서 부엌 찬장에 올라갈 때 너무 재미있었다. 배고픈 것을 못 참는 포를 보니 꼭 내 동생을 보는 것 같았다. 포의 큼지막한 배가 흔들리는 모습이 생각나서 한동안 그 장면을 생각하고 웃었다. 포야! 나에게 웃음을 줘서 고마워!

〈연후〉
　판다 포는 제이드 궁전에 있는 무적의 5인방과 쿵후를 배우고 싶었다. 어느 날 용의 전사를 뽑는 행사에서 포는 실수로 행사장 가운데에 떨어지고 마스터 우그웨이에게 용의 전사로 지목받는다. 포는 좌충우돌, 우왕좌왕하지만 사부 시푸의 도움으로 악당 타이렁을 물리치고 진정한 용의 전사로 인정받는다.

[2~3] 읽은 책에서 인상적인 부분을 말하는 다음 대화를 보고, 물음에 답하세요.

이번에 헤밍웨이의 〈노인과 바다〉를 읽었어.
노인이 자신이 잡은 커다란 물고기에게 달려드는 상어와
사투를 벌이는 장면이 인상 깊었어.

〈만복이네 떡집〉에서 만복이가 떡집에 들어갔는데,
그 안에 있던 떡 이름이 재미있었어. 특히 '허파에 바람이 들어
비실비실 웃게 되는 바람떡'을 읽을 때 빵 터졌어.

2 <보기>처럼 남자아이가 읽은 책에 관한 내용을 정리해 보세요.

보기

책의 제목	노인과 바다
인상 깊은 장면	노인이 자신이 잡은 물고기에게 달려드는 상어와 싸우는 장면
생각이나 느낌	자신이 잡은 물고기를 지키기 위해 상어와 사투를 벌이는 노인이 기억에 남아. 힘들게 잡은 물고기를 상어에게 빼앗기는 분한 마음이 오죽했을까?

책의 제목	만복이네 떡집
인상 깊은 장면	
생각이나 느낌	

3 자신이 재미있게 읽은 책의 제목과 인상 깊은 장면, 그에 관한 생각이나 느낌을 써 보세요.

책의 제목	
인상 깊은 장면	
생각이나 느낌	

직접 써 보기

1 '인상 깊은 장면' 하면 떠오르는 생각을 빈칸에 써 보세요(책, 영화, 게임 어떤 것이라도 좋습니다).

> Let it Go!, 스파이더맨, 책을 마구잡이로 먹는 여우, 유비·관우·장비의 만남,

2 위에 브레인스토밍한 내용 중 친구에게 소개하고 싶은 장면을 찾아 ○표 해 보세요.

3 ○표 한 장면을 〈보기〉처럼 기억나는 대로 그려 보고, 그 장면에 관한 생각이나 느낌을 간단히 써 보세요.

  포가 만두 먹는 모습이 제일 귀엽다. 나도 포처럼 저녁에 만두를 맛있게 먹을 것이다.

4 옆에서 그린 인상적인 부분을 토대로 다음 표를 완성해 보세요.

제목	
그것을 보게 된 동기	
줄거리	
인상 깊게 본 장면	
그에 관한 생각이나 느낌	

5 위에 쓴 개요를 토대로 '인상 깊게 본 장면'과 '그에 관한 생각이나 느낌'을 강조하여 감상문을 써 보세요.

06 교과서 글쓰기 (1) - 나눗셈 문제 만들기

귤 여섯 개를 두 명에게 똑같이 나누어 주면 한 명이 몇 개를 받을까?

귤 여섯 개를 하루에 두 개씩 먹으면 며칠이나 먹을 수 있을까?

알아 두기 나눗셈은 기본적으로 두 가지 의미를 가지고 있어요. 첫 번째 의미는 '똑같이 나누어 주면 한 부분이 얼마나 될까?'이고, 두 번째 의미는 '똑같은 양을 계속 빼면 몇 번이나 뺄 수 있을까?' 예요. 여기서는 나눗셈의 의미를 알고 그와 관련된 문제를 만들어 봐요.

연습하기 [1~2] 다음 그림을 보고, 물음에 답하세요.

1 그림을 보고 만들 수 있는 나눗셈식을 써 보세요.

➡ --

2 빈칸에 알맞은 말을 넣어 '똑같이 나누어 주면 한 부분이 얼마나 될까?'의 의미를 가진 나눗셈 문제를 완성해 보세요.

블루베리 아이스크림이 10개 있습니다. 블루베리 아이스크림을 5명의 아이에게 _____

_____

한 명당 몇 개씩 가져갈 수 있을까요?

[3~4] 다음 그림을 보고, 물음에 답하세요.

3 그림을 보고 만들 수 있는 나눗셈식을 써 보세요.

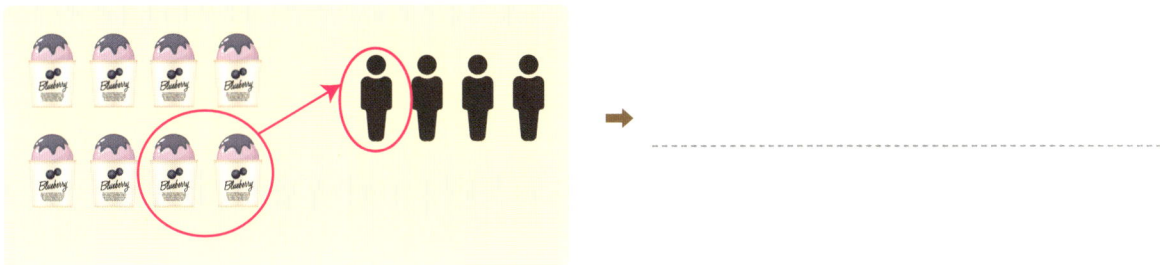

4 빈칸에 알맞은 말을 넣어 '똑같은 양을 계속 빼면 몇 번이나 뺄 수 있을까?'의 의미를 가진 나눗셈 문제를 완성해 보세요.

> 블루베리 맛 아이스크림이 8개 있습니다. 블루베리 맛 아이스크림을 한 사람이 2개씩 가져가려고 합니다. _____

5 민진이와 태민이가 자기 생각대로 나눗셈 문제를 만들었어요. 올바른 것을 찾아 선으로 연결해 보세요.

민진이의 생각	태민이의 생각
똑같은 양을 나눠 주면 한 부분이 얼마나 될까?	똑같은 양을 계속 빼면 몇 번이나 뺄 수 있을까?

❶ 볼펜 18개가 있습니다. 이 볼펜을 봉투에 9개씩 넣으려고 합니다. 볼펜을 담는 데 모두 몇 개의 봉투가 필요할까요? •   • ㉠ 민진

❷ 볼펜 18개가 있습니다. 이 볼펜을 봉투 9개에 똑같이 나누어 담으려고 합니다. 한 봉투에 몇 개의 볼펜이 들어갈까요? •   • ㉡ 태민

직접 써 보기 [1~3] 그림을 그려서 나눗셈 문제를 써 보세요.

1 자신이 만들고 싶은 나눗셈식을 〈보기〉처럼 써 보세요.

　보기　　　6÷3=2　　➡ _____

2 위의 나눗셈식을 〈보기〉처럼 두 가지 그림으로 나타내 보세요.

3 위에 그림으로 제시한 나눗셈을 〈보기〉처럼 두 가지 문제로 나타내 보세요.

　보기
　❶ 하늘에 별이 6개 떠 있습니다. 세 사람에게 별을 똑같이 나누어 주려고 합니다. 한 사람은 별 몇 개를 받을 수 있을까요?
　❷ 하늘에 별이 6개 떠 있습니다. 별을 세 개씩 나누어 준다면 모두 몇 사람에게 나누어 줄 수 있을까요?

❶ _____

❷ _____

[4~5] 마인드맵을 만들어서 나눗셈 문제를 써 보세요.

4 자신이 만들고 싶은 나눗셈식을 〈보기〉처럼 어떻게 문제로 만들지 마인드맵으로 그려 보세요.

보기
- 8개의 사과
- 4개씩 나누어 줌
- 모두 몇 사람

같은 양을 몇 번 뺄 수 있을까?

8÷4=2

똑같이 나누어 주기

- 8개의 사과
- 4개의 주머니
- 똑같이 주머니에 나누어 담으면

5 위에 작성한 마인드맵을 참고하여 나눗셈 문제를 만들어 보세요.

07 교과서 글쓰기 (2) - 지표의 변화

 장소에 따라 흙의 특징이 달라. 화단의 흙은 부드럽고 알갱이가 작지만 운동장의 흙은 약간 거칠고 알갱이가 커.

 흙은 오랜 시간에 걸쳐 물, 공기, 나무뿌리 등의 영향으로 바위가 부서져서 만들어진 작은 돌이라고 할 수 있어.

 흐르는 물이 땅을 깎는 것을 침식 작용, 운반된 물질이 쌓이는 것을 퇴적 작용이라고 해.

알아 두기 지표에 있는 흙은 어떻게 만들어졌을까요? 3학년 2학기 과학 '지표의 변화' 단원에서는 흙의 특징, 흙이 만들어지는 과정, 침식과 퇴적 작용, 침식과 퇴적 작용으로 인해 만들어진 강과 바다의 지형 등에 대해서 배우게 되죠. 여기서는 이러한 과학 용어를 사용해서 지표의 변화에 대한 글을 써 봐요.

연습하기 [1~2] 다음 그림을 보고, 물음에 답하세요.

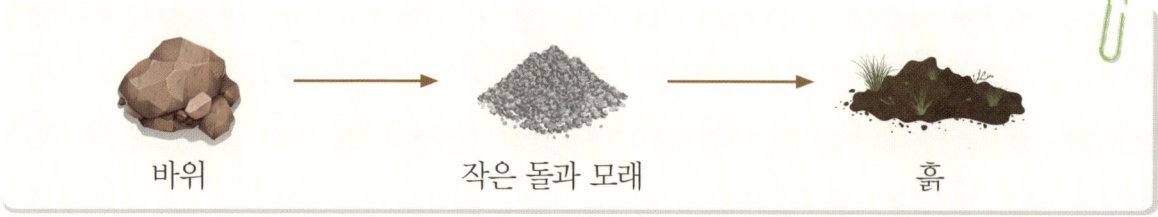

1 '바위 → 작은 돌과 모래 → 흙'으로 변화하는 과정에 영향을 끼치는 것을 다음 상자에서 모두 찾아 ○표 해 주세요.

> ⓛ물, 사람, 스마트폰, 공기, 비, 나무뿌리, 생물의 썩은 물질, 바람, 가방, 지우개

2 그림과 ○표 한 내용을 토대로 글을 쓴다고 할 때, 글의 제목으로 생각나는 것을 써 보세요.

> 흙이 만들어지는 과정,

3 '강 주변의 특징'을 마인드맵으로 그렸어요. 빈칸에 알맞은 말을 넣어 보세요.

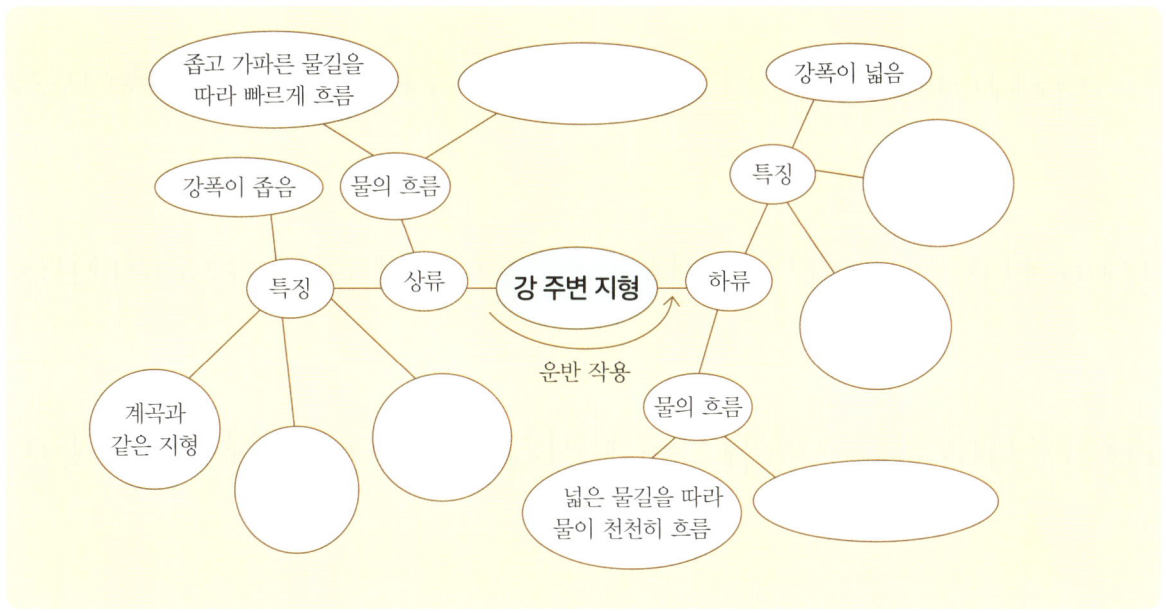

4 위의 마인드맵을 토대로 〈보기〉처럼 강 주변의 특징에 대해 설명하는 글을 써 보세요.

> 보기
>
> 강 상류의 지형은 여러 가지 특징을 가지고 있습니다. 강폭이 좁고 물이 빠르게 흐릅니다. 또, 바위가 크고 모난 돌이 많은 계곡과 같은 지형이 많습니다. 이러한 지형을 갖게 된 이유는 좁고 가파른 물길을 따라 물이 빠르게 흘러 침식 작용이 활발하게 일어나기 때문입니다.

직접 써 보기 [1~3] 바닷가 지형의 다양한 특징을 글로 써 보세요.

1 바닷가를 떠올리면 생각나는 낱말을 〈보기〉처럼 자유롭게 써 보세요.

보기: 해변, 모래사장, 해운대, 고운 모래, 바람, 절벽, 파도

2 위에 적은 바닷가와 관련된 낱말을 기준(침식과 퇴적)에 따라 마인드맵으로 정리해 보세요.

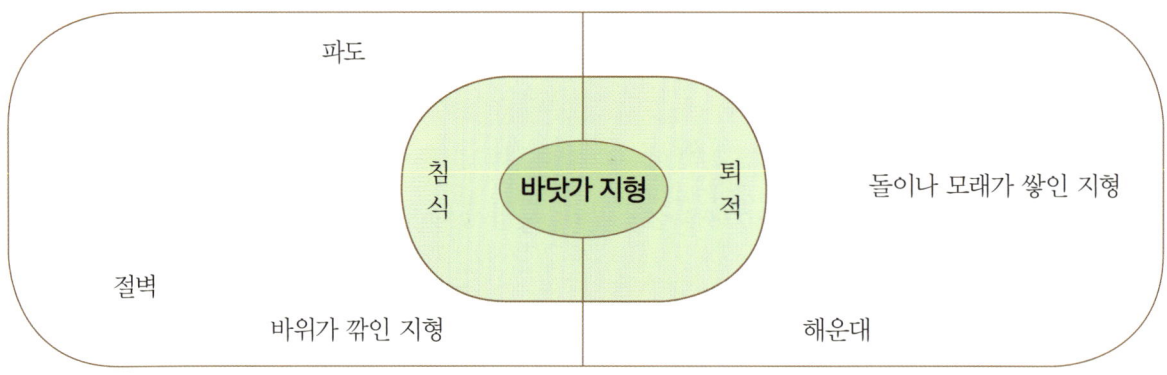

3 위의 내용을 바탕으로 〈보기〉처럼 바닷가의 지형에 대해 설명하는 글을 써 보세요.

보기: 바닷가에서 자주 볼 수 있는 풍경은 무엇일까요? 대부분 모래사장이 떠오를 거라 생각합니다. 바닷가에 깔린 고운 모래는 해변을 더욱 아름답게 만들어 줍니다. 이러한 모래사장은 바닷물에 의해 운반된 모래가 해안가에 점차 쌓이면서 만들어집니다.

[4~5] 흙의 소중함을 떠올리며 여러 가지 장르의 글을 써 보세요.

4 〈보기〉처럼 기준을 나누어 '흙의 소중함'을 주제로 쓸 글의 개요를 작성해 보세요.

보기

글의 장르: 편지

처음	'흙'에게 인사
가운데	'흙'에게 고마운 점 말하기 – 농사를 지을 수 있는 흙 – 식물에게 영양분을 공급하는 흙 – 물을 깨끗하게 만들어 주는 흙
끝	앞으로 '흙'을 더 아끼겠다는 인사

글의 장르:

처음	
가운데	
끝	

5 위에 쓴 내용을 바탕으로 〈보기〉처럼 '흙의 소중함'에 관한 글을 써 보세요.

보기

　흙아 안녕? 나는 사람 초등학교에 다니는 다율이라고 해.
　과학 시간에 네가 아주 소중한 존재라는 것을 배웠어. 네가 우리에게 많은 도움을 주고 있더라. 네가 수많은 식물에게 영양분을 공급해 주기 때문에 우리가 농사를 지을 수 있다는 것을 알았어. 또, 우리가 마실 물도 너를 통해 깨끗해질 수 있었어. 앞으로 너를 함부로 대하지 않고, 아끼고 소중히 할게. 고마워! 흙아.
　　　　　　　　　　　　　　　　　　고마운 마음을 담아 다율이가

답안 가이드

* 여기 제공되는 답은 예시 답안입니다. 자기 생각을 담아 직접 써 보는 문제의 경우는 다양한 답이 나올 수 있습니다.

1단원 재미있게 쓰기

01 낱말 바꾸어서 재미있는 문장 만들기 (1)
······ pp. 12~13

연습하기

1 ❶ 깨끗이 ❷ 자라서 ❸ 비틀비틀 ❹ 근거
   ❺ 성큼성큼

▶ **정답 지도 시 주의할 점** '깨끗하다'가 변하여 '깨끗이'로 되면서 '깨끗이'는 문장에서 부사의 역할을 합니다. 이처럼 문장에 활용할 때는 낱말의 뜻이 같더라도 쓰임새가 달라질 수 있다는 것을 아이에게 알려 주시기 바랍니다.

직접 써 보기

1 ❶ 도은이는 교실에서 가장 늦게 나오면서 문을 닫았다.
   ❷ 현지가 키우는 개는 아주 작은 새끼 강아지를 낳았다.
   ❸ 급식을 제대로 먹지 않는 지연이는 몸이 너무 말랐다.
   ❹ 우철이는 뒤에서 친구 험담을 많이 하는 친구다.
   ❺ 지민이는 약을 사기 위해 길가에 잠시 자전거를 세워 두었다.
   ❻ 산을 올라갈 때는 무척 힘들었지만 산을 내려오는 것은 순식간이다.
   ❼ 태양이 하늘 높이 떠오르자 날씨는 점점 더 뜨거워졌다.

02 낱말 바꾸어서 재미있는 문장 만들기 (2)
······ pp. 14~15

연습하기

1 ❶ 호랑이는 ❷ 쫓는다 ❸ 농구공을
   ❹ 축구 선수가

직접 써 보기

1 ❶ 근엄한 덤블도어는 멋진 교장 선생님이다.
   ❷ 감기에 걸려 먹은 약은 썼다.
   ❸ 봄이 오자 아름다운 꽃이 피었다.
   ❹ 이번 선거에서 지율이는 부반장이 되었다.
   ❺ 연주는 동갑내기와 결혼했다.
   ❻ 경은이는 서울에 가기 위해 비행기를 탔다.
   ❼ 용한 점술가가 예주에게 점괘를 주었다.

▶ ❹에서 '되었다' 앞의 '부반장이'를 보어라고 합니다. 보어는 주어와 서술어만으로는 뜻이 완전하지 못한 문장에서, 그 불완전한 곳을 보충하여 뜻을 완전하게 하는 수식어를 말합니다.

03 꾸밈말을 넣어서 재미있는 문장 만들기
······ pp. 16~17

연습하기

1 ❶ 땀을 흘리며, 빠르게 ❷ 물보다, 꿀꺽
   ❸ 7월 7일에, 학교 앞 빵집에서

▶ ❸은 답의 순서가 달려져도 괜찮습니다.

직접 써 보기

1 ❶ 멋진 해리포터는 더러운 이를 닦지 않았다.
   ❷ 현민이는 주방에서 라면을 빨리 끓였다.
   ❸ 준휘는 학교까지 터벅터벅 걸었다.
   ❹ 소나무는 은행나무보다 잎이 뾰족하다.
   ❺ 아침에 약수터에서 운동하면 건강에 좋다.
   ❻ 제비가 마음이 착한 흥부에게 씨알이 큰 박씨를 물어다 주었다.
   ❼ 거북선을 만든 이순신 장군은 왜적의 침입을 물리쳤다.

04 여러 가지 방법으로 이어 쓰기 (1)
...... pp. 18~19

연습하기

1 ❶ 그리고 / 복도에서 뛰지 말아야 합니다
   ❷ 그러나 / 축구는 좋아하지 않습니다
   ❸ 그래서 / 아버지는 월척을 낚았습니다

▶ **정답 지도 시 주의할 점** 답을 적은 후 완성된 문장을 소리 내어 읽어 보게 하세요.

직접 써 보기

1 ❶ <u>손을 씻으면 밥이 맛없기 때문입니다.</u>
   왜냐하면 손에는 세균이 많기 때문입니다.
   ❷ <u>나는 동물원에서 북극곰을 보고 싶습니다.</u>
   그래서 나는 판다에게 힘껏 손을 흔들었습니다.
   ❸ <u>섬은 아무 일 없다는 듯이 잠잠했습니다.</u>
   또 바다의 파도가 방파제를 강하게 쳤습니다.
   ❹ <u>엄마는 매운 음식을 좋아하기 때문입니다.</u>
   그러나 떡볶이가 너무 매워서 다 먹지 못했습니다.

05 여러 가지 방법으로 이어 쓰기 (2)
...... pp. 20~21

연습하기

1 ❶ 그런데 / 혜성 충돌에 따른 날씨 변화로 공룡은 멸종했습니다
   ❷ 그러면 / 자연이 깨끗하게 되살아날 것입니다
   ❸ 게다가 / 저녁에는 아빠가 사 온 피자와 치킨까지 먹었습니다

직접 써 보기

1 ❶ 그런데 발이 아파서 혼자서는 도저히 병원에 갈 수 없습니다.
   ❷ 그러면 날렸을 때 공기 중에 잘 뜨는 종이비행기를 만들 수 있습니다.
   ❸ 화가 난 헐크가 도시를 쑥대밭으로 만들었습니다. 게다가 자신을 막으러 온 스파이더맨까지 때려눕혔습니다.
   ❹ 교실에서 친구에게 배려하는 행동을 합시다. 그러면 교우관계와 기분이 좋아질 것입니다.

06 이어 주는 말을 넣어 세 문장 쓰기
...... pp. 22~23

연습하기

1 ❶ ㉡ 짝수 반과 홀수 반을 나누어 줄다리기도 했다
   ㉢ 독수리처럼 빠르고 깃털
   ❷ ㉡ 현재는 단말기에 교통 카드를 대면 버스 요금을 낼 수 있다
   ㉢ 카드를 이용하는 것이 요금 지불과 정산을 편리하게 할 수 있기 때문이다
   ❸ ㉠ 요리를 하기 전에 손을 깨끗이 닦습니다
   ㉢ 주방에서 요리사가 청결한 요리를 만들 수 있습니다
   ❹ ㉠ 줄기, 가지, 잎
   ㉡ 나무가 살아가기 위해서는 햇빛, 물, 토양이 필요하다
   ㉢ 비가 오지 않거나 햇빛이 비추지 않으면 나무는 금방 죽게 될 것이다
   ❺ ㉠ 학교 수업시간 중에 배가 너무 아팠던 적이 있다
   ㉡ 선생님께 다가가 조용히 화장실에 다녀오겠다고 말했다
   ㉢ 수업을 받고 있는 다른 아이들을 방해하고 싶지 않았고, 화장실에 간다는 소리를 하기가 조금 부끄러웠기 때문이다

07 오감으로 표현하기
pp. 24~25

연습하기

1. ❶ 울긋불긋 단풍이 아름답다.
❷ 쏴아아 소나기 내리는 소리
❸ 바다에서 소금 냄새가 풍긴다.
❹ 약이 엄청나게 썼다.
❺ 따뜻한 엄마의 품속

직접 써 보기

1. ❶ (청각) 마치 아삭 소리가 날 것 같은 딸기를 물자 씨가 씹히며 오도독하는 소리가 난다.
(미각) 새콤달콤한 단맛이 난다.
(촉각) 딸기를 만지자, 오돌토돌하고 촉촉한 느낌이 난다.
❷ (시각) 가만히 누워서 자고 있는 것 같은 백설공주는 숨이 막히게 아름다웠다.
(후각) 백설공주가 난쟁이 집에 들어갔을 때 청량한 나무향이 백설공주를 상쾌하게 만들어 주었다.
(미각) 난쟁이가 준 과일을 입에 베어 물자 쌉싸름한 맛이 입안에 맴돌았다.
❸ (시각) 호랑이 몸은 누리끼리한 털 주변을 새까만 털이 둘러싸고 있다.
(후각) 호랑이가 고기 냄새를 맡고 사냥을 시작했다.
(촉각) 면도를 하려고 보니 수염이 호랑이처럼 까끌까끌하게 나 있었다. 시원하게 면도하자 매끈한 얼굴이 드러났다.

08 오감을 활용한 표현을 넣어 세 문장 쓰기
pp. 26~27

연습하기

1. ❶ ㉠ 개미만큼 작은
㉡ 톡톡 조용한 소리를 내며 떨어질 것 같다
㉢ 밍밍한
▶ 싸라기눈: 빗방울이 갑자기 찬 바람을 만나 얼어 떨어지는 쌀알 같은 눈

❷ ㉠ 바다 냄새
㉡ 매끈매끈하고 끈적한 느낌이 난다
㉢ 싱거운, 새콤한, 짜고 담백한

직접 써 보기

1. ❶ ㉡ 반짝반짝 빛나는 별들 속에서 찌르르 찌르르 우는 귀뚜라미 소리가 들린다.
㉢ 미세먼지 하나 없는 청량한 공기 내음이 내 가슴을 편안하게 해 준다.
❷ ㉡ 바나나는 달콤하지만 뭔가 묵직한 맛이 난다.
㉢ 바나나는 매끈하지만 껍질을 벗기면 찐득찐득한 찰흙같은 느낌이 든다.
❸ ㉠ 내 친구 준서는 키가 작고 안경을 쓴 까만 아이다.
㉡ 이 친구를 떠올리면 후끈한 땀 냄새가 올라온다.
㉢ 준서가 축구공을 가지러 교실로 뛰어가는 우당탕 소리가 벌써 들린다.

09 오감을 활용한 표현을 넣어 글쓰기
pp. 28~29

연습하기

1.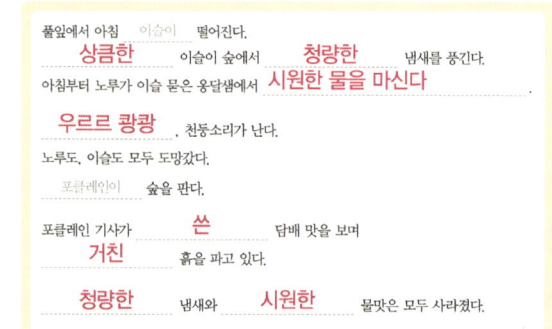

▶ 한 낱말이 여러 가지 감각을 표현할 수 있습니다. 예를 들어, '맑다'는 시각과 청각에 쓸 수 있습니다(맑은 물, 맑은 소리 등).

직접 써 보기

1

<나의 경험>	
인상 깊었던 일	생존수영 연습을 갔던 일
시각	네모 반듯한 수영장 안에 파란 물이 넘실댔다.
청각	음파 음파 아이들이 숨을 내쉬는 소리
후각	수영장 안 씁쓸한 소독약 냄새
미각	수영을 못하는 나는 자꾸 물을 들이켰는데 오잉! 시원하고 달콤한 물맛!
촉각	수영장 밖으로 나오자 으슬으슬 추위가 내 몸을 강타

2　　생존수영

네모 반듯한 수영장에
파란 물이 넘실댔다.
수영을 하나도 못하는 나지만
음파 음파
열심히 숨을 내쉬었다.
자꾸 코로 들어오는 물,
오잉!
씁쓸한 소독약 냄새와 다르게
시원하고 달콤한 물맛!
수영을 마치고 나오자
으슬으슬한 추위가 강타했지만
나는 괜찮다.
내일은 수영을 더 잘할 거니까!

2단원 바르게 문단 쓰기

01 문단 알기 (1) ········ pp. 32~33

연습하기

1 ❶ 교실에서 규칙을 잘 지킵시다.
   ❷ 그러므로 우리 모두 대중교통을 이용합시다.

직접 써 보기

1 ❶ 우리나라에는 여러 가지 국가적인 기념일이 있습니다.
   ❷ 달걀을 삶는 방법에 대해 알아보겠습니다.
   ❸ 이처럼 사람들은 자신의 역할에 적합한 옷을 입고 일합니다.

02 문단 알기 (2) ········ pp. 34~35

연습하기

1 ❶ 봄은 겨울이 지나고 날씨가 점점 따뜻해지는 계절을 말합니다. 일반적으로 3월부터 5월까지를 이야기하며 사계절 중 첫 번째 계절을 의미합니다. 봄에는 학생들이 학교에 입학하거나 처음 등교하고, 가족들이 꽃구경을 가기도 합니다. 봄에는 여러 가지 절기가 있습니다. 먼저 입춘은 봄의 시작이라는 의미이며 양력 2월 4일 전후를 말합니다. 춘분은 낮과 밤의 길이가 같아진다는 의미이며 양력으로 3월 21일 전후를 말합니다.

   ❷ 시장은 여러 가지 물건을 사고파는 일정한 장소를 말합니다. 일반적으로 시장의 길 양쪽에는 상점이 들어서고, 중간중간에 먹거리를 파는 노점이 있습니다. 시장에서는 보통 다양한 물건을 팔지만, 농산물이나 옷 등 특정한 물건만 파는 시장도 있습니다. 지역마다 유명한 시장이 있습니다. 서울에는 남대문시장과 동대문종합시장이 있고, 부산에는 자갈치시장과 국제시장이 있습니다. 또, 강원도에는 정선오일장과 속초 중앙시장이 있습니다.

   ❸ 배드민턴은 라켓으로 셔틀콕을 쳐서 네트 사이로 주고받는 게임입니다. 배드민턴은 혼자서 모든 코트를 감당해야 하는 단식 경기와 두 명이 함께 함께 코트에서 뛰는 복식 경기가 있습니다. 배드민턴을 잘하려면 순발력과 속도가 필요합니다. 반면, 테니스는 중앙의 네트를 넘어온 공이 땅에 두 번 튀기 전에 라켓을 이용하여 상대 진영으로 넘기는 게임입니다. 배드민턴과 마찬가지로 단식과 복식 경기가 있습니다. 테니스 경기에서는 체력과 속도가 필요하며 예절을 지키는 것을 중요하게 생각합니다.

❹ 1945년 8월 15일 대한민국은 광복을 맞이했습니다. 미국이 일본의 히로시마에 원자폭탄을 떨어뜨림으로써 무조건 항복을 받아 낸 것입니다. 이때 우리나라는 미국을 지지하는 남한과 소련을 지지하는 북한, 두 편으로 갈라져서 서로 자신의 의견이 맞다고 싸웠습니다. 결국 1950년 6월 25일 북한이 선전포고도 없이 남한을 기습하여 전쟁이 시작되었습니다. 6·25 전쟁은 유엔군, 중국 인민지원군 등이 참전한 국제전이었습니다. 이 전쟁으로 인해 현재까지 한반도는 한국과 북한 두 개의 나라로 갈라져 있습니다.

❺ 한국의 피겨스케이팅은 김연아 등장 전과 후로 나뉩니다. 김연아 등장 전 한국의 피겨스케이팅은 누구의 관심도 받지 못하는 불모지와 다름없었습니다. 그런 한국에서 김연아는 국내는 물론 해외에까지 피겨스케이팅의 역사에 한 획을 긋는 놀라운 활약을 보여 주었습니다. 김연아는 데뷔부터 은퇴까지 세계 피겨 역사를 바꾸었습니다. 선수로 세계신기록을 11회 경신하였고, 출전하는 대회에서는 거의 모든 상을 휩쓸다시피 하였습니다. 특히 2009 세계선수권대회에서 여자 선수 최초로 200점을 돌파하면서 압도적인 기록을 세운 피겨의 여신, 그녀가 바로 김연아입니다.

03 문단 쓰기
pp. 36~37

연습하기

1 ❶ 또, 장대에 매단 바구니에 어느 팀이 콩 주머니를 많이 넣는지 겨루는 게임도 합니다.
❷ 급식에는 주로 나오는 메뉴가 있습니다.
❸ 자신이 가고 싶은 장소에 어떻게 가는지 빠르게 교통편을 알아볼 수 있습니다.

직접 써 보기

1 ❶ 아침에 일찍 일어나기 위한 여러 가지 방법이 있습니다. 아침에 일찍 일어나려면 그 전날 일찍 자야 합니다. 또, 여러 개의 알람을 맞춰 두면 아침에 일찍 일어날 수 있습니다.
❷ 어제 교실에서 반장을 뽑았습니다. 내가 반장으로 뽑고 싶었던 여은이는 두 표 차이로 아쉽게 부반장이 되었습니다. 매일 여자아이들을 괴롭히는 한울이가 반장이 되어서 속상했습니다.

04 여러 가지 주제로 문단 구성하기 (1)-병
pp. 38~39

연습하기

1 감기, 비염, 아파요, 의사, 코로나, 이비인후과, 얼음, 열, 엑스레이, 간호사, 엄마, 아빠, 조퇴, 결석

2 간-간간하게 간이 밴 양념갈비를 좋아하는 우리 아빠
호-호호 불며 먹는 붕어빵을 좋아하는 우리 엄마
사-사악사악 베어 무는 아이스크림을 좋아하는 내 동생

직접 써 보기

1

2 이가 썩지 않으려면 어떻게 해야 할까요? 가장 중요한 것은 이를 깨끗이 닦고, 닦은 후에 바로 음식을 먹지 않는 것입니다. 또, 단 음식을 많이 먹지 않는 것도 중요합니다. 게다가 치실이나 치간 칫솔을 사용하여 이를 닦는다면 썩지 않는 깨끗한 이를 가질 수 있습니다.

05 여러 가지 주제로 문단 구성하기 (2)-악기
pp. 40~41

연습하기

1 비올라, 리코더, 선율, 리듬, 가락, 단소, 합창, 피아노

2 ❶ 리-리어카를 힘겹게 끌며 건널목을 지나는 할머니
코-코흘리게 아이 두 명이 할머니의 리어카를 열심히 밀어 준다.
더-더운 여름 아름다운 광경에 마음이 시원해진다.
❷ 피-피아노를 치는 거장의 손놀림이 예사롭지 않다.
아-아무렇게나 치는 것 같지만 그 손가락의 움직임이 멋드러진 선율을 만든다.
노-노래를 부르는 듯 부드러운 소리가 내 마음을 감싼다.

> 직접 써 보기

1

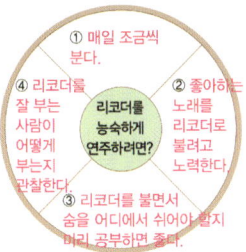

2 　리코더를 능숙하게 연주하기 위해서 할 수 있는 여러 가지 방법이 있습니다. 가장 좋은 방법은 매일 몇 분이라도 꾸준하게 리코더를 연습하는 것입니다. 거기에 더해서 자기가 좋아하는 곡을 연습한다면 좀 더 재미있게 리코더 연습을 할 수 있습니다. 리코더를 잘 부는 사람은 어떻게 부는지 관찰하고, 리코더를 불면서 숨을 어디에서 쉬어야 하는지 미리 공부하면 리코더를 점점 잘 불 수 있습니다.

> 직접 써 보기

1

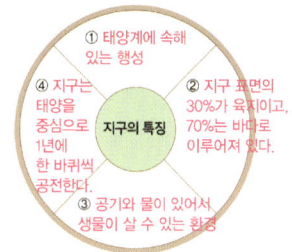

2 　지구는 태양계에 속하는 세 번째 행성입니다. 지구는 태양을 중심으로 1년에 한 바퀴씩 회전하면서 봄, 여름, 가을, 겨울로 계절이 바뀝니다. 지구 표면의 30%는 육지, 70%는 바다로 이루어져 있습니다. 지구는 공기와 물이 있어서 생물이 살 수 있는 환경입니다.

06 여러 가지 주제로 문단 구성하기 (3)-우주
pp. 42~43

> 연습하기

1 지구, 달, 태양, 초우주, 은하수, 우주선, 블랙홀, 인공위성, 코스모스

2 ❶ **우**-우주는 보통 지구 밖의 검은 공간을 말한다.
주-주로 빅뱅, 대폭발로 우주가 시작되었다고 많은 사람이 주장한다.
선-선진국들은 우주 연구가 시간이 흐르면서 점점 더 중요해질 것이라고 믿는다.
❷ **은**-은빛 물결을 이루는 아름다운 겨울바다
하-하늘에서 내리는 햇빛이 바다의 은빛을 더욱 밝혀 준다.
수-수학에 지쳐 있던 나에게 바다는 힘을 내라고 속삭인다.

07 여러 가지 주제로 문단 구성하기 (4)-신체
pp. 44~45

> 연습하기

1 눈썹, 입술, 엉덩이, 허벅지, 눈, 코, 귀, 입, 손가락, 발가락, 심장

2 ❶ **엉**-엉덩이 탐정입니다. 미안하지만 잠시 실례 좀 하겠습니다.
덩-덩(동)그란 거다! 말티즈 서장이 엉덩이 탐정을 보자마자 도움을 요청했어요.
이-이 고구마 파이와 홍차를 먹고 도와드리겠습니다.
❷ **손**-손이 약간씩 시리기 시작하는 계절이다.
가-가을이 지나가고 겨울이 시작되려는 모양이다.
락-락(낙)엽은 지고, 하늘에서 하얀 눈이 떨어지기 시작한다.

직접 써 보기

1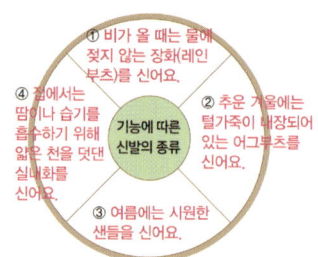
① 대표적인 감각으로 시각, 청각, 후각, 미각, 촉각, 즉 오감이 있다.
② 생물이 신체 내외적으로 발생한 변화를 감지하는 능력을 말한다.
③ 사전적으로 동물의 몸에서 외부의 감각을 받아들여 뇌에 전달하는 기관으로 정의한다.
④ 눈, 코, 혀, 귀, 피부 등은 감각이 맡은 자극을 받아들여 뇌에 신호를 전달한다.

2 　감각 기관이란 사전적으로 동물의 몸에서 외부의 감각을 받아들여 뇌에 전달하는 기관이라고 정의합니다. 감각 기관은 대표적으로 시각, 청각, 후각, 미각, 촉각, 즉 오감을 뜻합니다. 오감을 대표하는 눈, 코, 혀, 귀, 피부 등은 자신이 맡은 자극을 받아들여 뇌에 신호를 전달합니다. 뇌에 전달된 신호는 우리 몸이 신체 내외적으로 발생한 변화를 감지할 수 있게 도와줍니다.

08 여러 가지 주제로 문단 구성하기 (5)-신발
.... pp. 46~47

연습하기

1 　운동화, 축구화, 농구화, 하이힐, 신발가게, 빠르다, 편하다, 반짝반짝, 구두

2 ❶ **축**-축제를 했더니 공원에 쓰레기가 많습니다.
구-구석구석 깔끔하게 청소해서 공원을 깨끗하게 만듭시다.
화-화장실을 깨끗하게 닦아서 많은 사람이 공원에 다시 방문할 수 있게 합시다.
❷ **운**-운명처럼 신데렐라는 왕자가 참석하는 파티에 갈 수 있었다.
동-동화처럼 아름다운 신데렐라가 아름다운 유리 구두를 신고
화-화려한 파티에 등장했다.

직접 써 보기

1
① 비가 올 때는 물에 젖지 않는 장화(레인부츠)를 신어요.
② 추운 겨울에는 털가죽이 내장되어 있는 어그부츠를 신어요.
③ 여름에는 시원한 샌들을 신어요.
④ 집에서는 땀이나 습기를 흡수하기 위해 얇은 천을 덧댄 실내화를 신어요.

2 　기능에 따라 신을 수 있는 여러 가지 신발이 있습니다. 계절에 따라 여름에는 시원한 샌들을 많이 신고, 추운 겨울에는 털가죽이 내장된 어그부츠를 신습니다. 비가 오는 날씨에는 물에 젖지 않는 장화(레인부츠)를 신기도 합니다. 또, 집에서는 활동하기 편하고 땀이나 습기를 흡수할 수 있는 실내화를 착용합니다.

09 높임법 알기 .... pp. 48~51

연습하기

1 ❶ 연세, 춘추 ❷ 성함 ❸ 주무시다 ❹ 하시다
❺ 드리다 ❻ 여쭈다

2

3 ❶ 여은아, 선생님께 도화지 좀 가져다드릴래?
❷ 어제 할머니께서 많이 편찮으셨어. 그래서 오늘 병원에 진료받으러 가셨어.
❸ 선생님께서 가정통신문을 부모님께 가져다드리래.
❹ 삼촌 생신에 이 연필을 선물로 드릴 거야.
❺ 어제 어머니를 모시고 어머니께서 좋아하시는 노래방에 다녀왔어.

❻ 댁에 계신 할아버지께 수철이는 맛있는 피자를 가져다드렸다.

직접 써 보기

1 ❶ 뵙고 싶은 할머니께

안녕하세요? 할머니. 저 태민이에요.

요새 건강은 어떠세요? 바람이 차니까 밖에 많이 안 나가시면 좋겠어요. 지난주에 할머니 댁에 간다고 했다가 못 가서 죄송해요. 그날 바쁜 일이 생겨서 못 간 거 있죠? 이번 주에는 꼭 갈게요.

잘 지내시고 또 연락할게요. 그럼 안녕히 계세요.

❷ 안녕하세요? 여러분, 오늘은 공룡에 대해서 설명해 드리겠습니다. 공룡은 지금으로부터 2억 5천만 년 전에 처음 지상에 등장했습니다. 공룡은 땅을 걷던 동물 중에 가장 거대한 동물입니다. 공룡보다 큰 동물은 이전에도 없었고, 지금도 없고, 미래에도 없을 거라고 생각합니다. 공룡이 멸종한 이유로 가장 많은 지지를 받는 의견은 거대 운석 충돌설입니다.

❸ 사랑하는 선생님께

선생님, 안녕하세요! 여름방학인데 어떻게 지내고 계세요?

저는 이번에 제주도에 와서 휴가를 즐기고 있어요. 어제는 성산일출봉에 다녀왔는데 경치가 정말 끝내줬어요. 선생님께서는 태국에 다녀온다고 하지 않으셨어요? 잘 다녀오셨는지 모르겠어요. 요새 너무 더워서 잠도 잘 안 오는데 선생님께서는 푹 주무시기를 바랄게요.

잘 지내시고 개학하면 봬요! 안녕히 계세요!

3단원 국어사전 활용하기

01 국어사전에서 낱말 찾기 (1) …… pp. 54~55

연습하기

1 ❶ 가지 ❷ 디디다 ❸ 묘지 ❹ 야기하다
   ❺ 코골이

직접 써 보기

1 ❶ 멜빵 ➡ 바지에 멜빵을 달아 입었다.
   ❷ 전투 ➡ 전투가 벌어지다.
   ❸ 건너다 ➡ 강을 건너다.
   ❹ 오랑캐 ➡ 오랑캐를 토벌하다.
   ❺ 대한민국 ➡ 반만년 역사에 빛나는 대한민국
   ❻ 마수걸이 ➡ 오후 한 시가 넘도록 마수걸이도 못했다.

▶ 마수걸이: 맨 처음으로 물건을 파는 일.
제시된 답 외에도 다양한 답이 나올 수 있습니다.

▶ **정답 지도 시 주의할 점** 사전에 나온 설명 자체가 아이의 어휘력보다 높은 경우가 많습니다. 하지만 아이에게 낱말의 완벽한 뜻을 알려 주려고 하기보다는 사전을 재미있게 찾는 연습을 통해 조금씩 사전에 나오는 낱말에 익숙해질 수 있도록 도와주세요.

02 국어사전에서 낱말 찾기 (2) …… pp. 56~57

연습하기

1

○구름	하늘
나물	타잔
렌즈	○런던
수사	○쏴르르
봉사하다	○본받다
○축구	충주
판사	○판잣집
○탕수육	탕진하다

직접 써 보기

1. ① 아기(1), 오리(3), 어부(2)
   예시 → 강에서 어부가 그물을 던진다.
   ② 포도(3), 카메라(1), 커피(2), 풍덩풍덩(4)
   예시 → 커피를 끓이기
   ③ 꼬마(1), 꼬투리(4), 꼬집다(3), 꼬박꼬박(2)
   예시 → 국민들은 세금을 꼬박꼬박 낸다.

2. 낱말: 책
   국어사전 뜻: 일정한 목적, 내용, 체재에 맞추어 사상, 감정, 지식 따위를 글이나 그림으로 표현하여 적거나 인쇄하여 묶어 놓은 것
   → 자신이 쓰고 싶은 사실, 생각이나 느낌을 조합하여 하나의 완성된 글을 엮은 것

03 국어사전에서 낱말 찾기 (3) pp. 58~59

연습하기

1.

기본형	국어사전 뜻
일어서다	앉았다가 서다.
넓다	면이나 바닥 따위의 면적이 크다.
잡다	손으로 움키고 놓지 않다.
건강하다	정신적으로나 육체적으로 아무 탈이 없고 튼튼하다.

직접 써 보기

1. ① ㄹ 해결하다 ② ㄴ 당하다
   ③ ㄷ 그리다 ④ ㄱ 겪다

2. ① 괴로움 ② 행동하다 ③ 고통 ④ 내용
   ① 시달립니다 ② 저지르고
   ③ 이겨 ④ 전개됩니다

04 사전을 활용한 주제별 글쓰기 (1)-여름방학 pp. 60~61

연습하기

1. ① 낱말: 대관람차
   국어사전 뜻: 먼 곳을 바라볼 수 있도록 한 거대한 회전식 놀이 기구
   ② 낱말: 재규어
   국어사전 뜻: 표범과 비슷한 고양잇과의 동물
   ③ 낱말: 장엄함(장엄하다)
   국어사전 뜻: 씩씩하고 웅장하며 위엄 있고 엄숙하다.
   ④ 낱말: 스테고사우루스
   국어사전 뜻: 몸의 길이는 6미터, 몸무게는 1.8톤 정도로 추정되는 쥐라기 후기의 공룡

▶ **정답 지도 시 주의할 점** 국어사전의 뜻이 복잡하면 낱말의 뜻을 그림으로 표현할 수도 있어요.

직접 써 보기

1. 놀이공원 방문
   - 탈것: 대관람차, 롤러코스터, 회전목마
   - 느낌: 긴장됨, 재밌음, 떨림

2. 지난 여름 비가 오고 날씨가 갠 날, 우리 가족은 놀이공원에 다녀왔다. 놀이공원에서 롤러코스터, 회전목마, 대관람차 등 여러 가지 놀이기구를 탔다. 그중에서 대관람차를 탄 것이 가장 기억에 남는다. 대관람차는 두 명이나 세 명이 앉을 수 있는 공간에서 먼 곳을 바라보도록 한 거대한 회전식 놀이 기구다. 대관람차를 처음 탔을 때 긴장됐지만 높은 곳에서 주위를 바라보자 떨리면서도 즐겁고 재미있었다.

05 사전을 활용한 주제별 글쓰기 (2)-자동차

pp. 62~63

연습하기

1 ❶ **낱말**: 톤
국어사전 뜻: 미터법에 의한 질량의 단위로, 1톤은 1kg의 1,000배이다.
❷ **낱말**: 쿠페
국어사전 뜻: 2인승으로 천장의 높이가 뒷자리로 갈수록 낮은 자동차
❸ **낱말**: 보통
국어사전 뜻: 일반적으로. 또는 흔히
❹ **낱말**: 실용성
국어사전 뜻: 실제적인 쓸모가 있는 성질이나 특성

▶ **정답 지도 시 주의할 점** 아이와 함께 국어사전을 찾으면서 낱말의 뜻뿐만 아니라, 띄어쓰기와 발음, 낱말의 쓰임새도 참고해 보세요.

직접 써 보기

1

2 쿠페는 승용차를 모양에 따라 분류한 형식의 하나라고 할 수 있습니다. 2인승으로 뒷자리로 갈수록 천장이 낮아집니다. 또, 좌석의 문이 두 개인 특징을 가지고 있습니다. 아우디의 A5, S5 시리즈, BMW의 M4, M8 시리즈, 페라리의 296GTB, 로마를 쿠페라고 부를 수 있습니다.

06 사전을 활용한 주제별 글쓰기 (3)-꽃

pp. 64~65

연습하기

1 ❶ **낱말**: 화전
국어사전 뜻: 찹쌀가루를 반죽하여 꽃잎이나 대추를 붙여서 기름에 지진 떡
❷ **낱말**: 동백
국어사전 뜻: 차나뭇과의 상록 활엽 교목
❸ **낱말**: 쌈밥
국어사전 뜻: 채소 잎에 여러 가지 재료와 쌈장을 넣어 밥과 함께 싸서 먹는 음식
❹ **낱말**: 수선화
국어사전 뜻: 여러해살이풀로 줄기는 높이가 20~40cm이며, 잎은 뭉쳐나고 비스듬히 선 모양이다.

직접 써 보기

1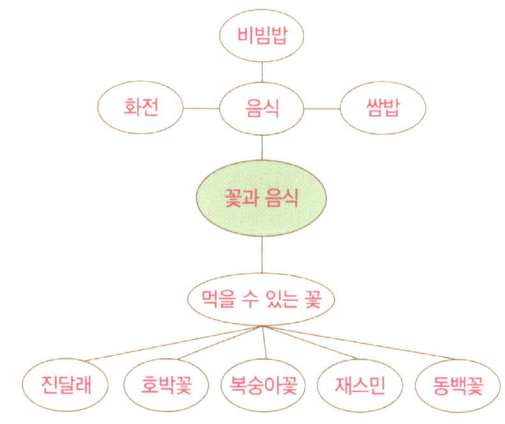

2 요새는 친환경적인 음식이 각광을 받으면서 먹을 수 있는 꽃에 관심이 많습니다. 우리나라에서는 보통 진달래꽃, 호박꽃, 복숭아꽃, 재스민, 동백꽃 등을 음식으로 만들어서 먹습니다. 화전은 찹쌀가루를 반죽하여 그 위에 진달래나 개나리, 국화 따위의 꽃잎이나 대추를 붙여서 기름에 지진 대표적인 꽃 음식입니다. 채소 잎에 여러 가지 재료와 쌈장을 넣어 밥과 함께 싸서 먹는 쌈밥에도 꽃을 넣어 먹을 수 있도록 하는 음식점이 많습니다.

07 사전을 활용한 주제별 글쓰기 (4)-운동회
...... pp. 66~67

연습하기

1 ❶ 낱말: 박
국어사전 뜻: '바가지'의 준말
❷ 낱말: 터트리기(터트리다)
국어사전 뜻: 터지게 하다.
❸ 낱말: 기마전
국어사전 뜻: 사람으로 말을 만들어 겨루는 경기
❹ 낱말: 폐회식
국어사전 뜻: 집회나 회합을 마칠 때 행하는 의식

직접 써 보기

1
- 박 터트리기
  - 박을 먼저 터트리면 승리한다.
  - 콩 주머니를 던진다.
  - 장대 위에 있는 박을 맞힌다.
- 운동회 종목
- 기마전
  - 세 사람이 말을 만든다.
  - 모자를 빼앗으면 승리한다.
  - 올라탄 사람이 다른 말을 탄 사람과 겨룬다.

2 　운동회의 종목에 대해 설명하겠습니다. 먼저, 박 터트리기의 규칙은 다음과 같습니다. 장대 위에 달혀 있는 박을 설치합니다. 각 팀에서는 콩 주머니를 던져 박을 맞힙니다. 두 팀 중 박을 빨리 터트리면 승리하는 게임입니다.
　다음으로 기마전에 대해 말씀드리겠습니다. 기마전은 세 명이 하나의 말을 만듭니다. 말 위에 올라탄 사람이 다른 말을 탄 사람과 겨룹니다. 기마전은 상대팀의 모자를 빼앗으면 승리하는 게임입니다.

08 사전을 활용한 주제별 글쓰기 (5)-음료수
...... pp. 68~69

연습하기

1 ❶ 낱말: 갈증
국어사전 뜻: 목이 말라 물을 마시고 싶은 느낌
❷ 낱말: 해소하다
국어사전 뜻: 어려운 일이나 문제가 되는 상태를 해결하여 없애 버리다.
❸ 낱말: 얼마나
국어사전 뜻: 동작의 강도나 상태의 정도가 대단함을 나타내는 말
❹ 낱말: 카페인
국어사전 뜻: 알칼로이드의 하나. 쓴맛이 있는 무색의 고체로, 커피의 열매나 잎, 카카오와 차 따위의 잎에 들어 있다.

직접 써 보기

1
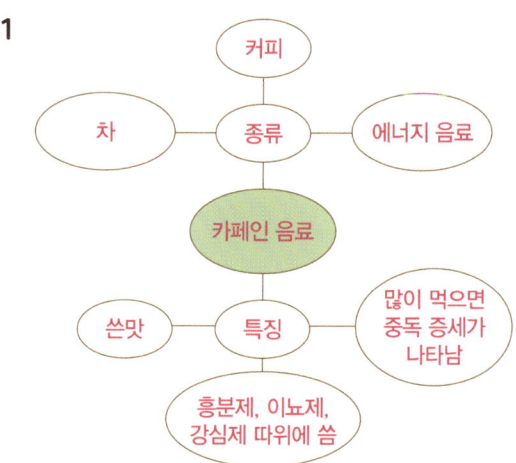

2 　카페인 음료의 특징과 종류에 대해 알아보겠습니다. 카페인은 쓴맛이 나는 고체로 흥분제, 이뇨제, 강심제 등에 사용합니다. 이 카페인은 많이 섭취하면 중독 증세가 나타나기도 합니다. 카페인이 들어가는 음료의 종류에는 커피나 에너지 음료가 있습니다. 또, 우리가 많이 마시는 일반 차에도 카페인이 들어가 있습니다.

4단원 원고지 쓰기

01 가운뎃점, 쌍점, 줄임표 쓰기 …… pp. 72~73

연습하기

1 ❶ 줄임표 ❷ 쌍점 ❸ 가운뎃점 ❹ 작은따옴표

2

3 ❶ : ❷ …… ❸ : ❹ · ❺ …… ❻ ·

4 ❶ 여우: (신나게) 점심에 맛있는 걸 먹고 싶어! 오늘은 짜장면·짬뽕·탕수육이 당기네.
   ❷ 지금 시각 11:40, 청군 대 백군 60:50으로 청군이 앞서가고 있습니다.
   ▶ 가운뎃점은 시(時)와 분(分), 장(章)과 절(節) 따위를 구별할 때, 의존 명사 대(對)가 쓰일 자리에도 쓰입니다.

02 괄호, 붙임표, 물결표 쓰기 …… pp. 74~75

연습하기

1 ❶ 마침표 ❷ 물결표 ❸ 괄호 ❹ 붙임표

2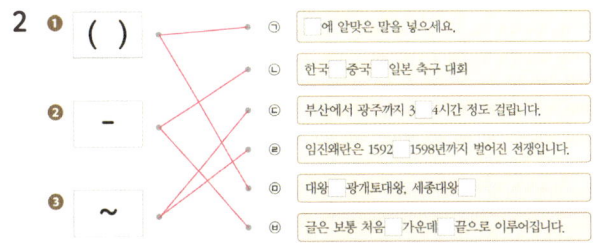

3 ❶ ( ) ( ) ❷ - ❸ -, - ❹ ~ ❺ ( ) ❻ ~

4 ❶ 이순신(조선의 명장)은 한국-일본의 전쟁(임진왜란)을 승리로 이끌었다.
   ❷ 김유신(595~673): 신라시대의 명장, 신라-당나라 연합군을 이끌고 삼국을 통일함

03 원고지에 여러 가지 문장 부호 쓰기 …… pp. 76~77

연습하기

1
❶
| | 3 | · | 1 | | 운 | 동 | (| 19 | 19 | 년 | 에 | | 일 |
| 어 | 난 | | 한 | 민 | 족 | 의 | | 독 | 립 | 운 | 동 |) | |

❷
| | 15 | 일 | ~ | 17 | 일 | 까 | 지 | | 서 | 울 | ― | 대 |
| 전 | ― | 대 | 구 | ― | 부 | 산 | 에 | 서 | | … | … | |

❸
| | 스 | 티 | 브 | 잡 | 스 | (| 19 | 55 | ~ | 20 | 11 |) |
| 는 | | 스 | 마 | 트 | 폰 | 을 | | 개 | 발 | 했 | 다 | . |

2
	박	경	리	(	19	26	~	20	08	)	:	소
설	가	.	불	신	시	대	·	김	약	국	의	
딸	들	·	시	장	과		전	장		등	의	소
설	을		썼	다	.	그	중		토	지	(	19	73	)
는		박	경	리	의		대	표	작	이	다	.	그
녀	는		…	…	.								

▶ **정답 지도 시 주의할 점** 쌍점 다음에는 띄어 써도 되고, 띄어 쓰지 않아도 된다는 점을 아이에게 다시 한번 알려 주세요.

04 원고지에 숫자와 영어 쓰기 …… pp. 78~79

연습하기

1
❶
	20	13	년		세	계		흥	행		영	화	V
1	위	는		겨	울	왕	국	(	F	ro	ze	n	)
이	다	.											

❷ 손흥민이 23번째 골(goal)을 기록했다.

2
수학(math) 128쪽 3번V문제를 푸세요.

3
링컨(Lincoln): 미국의 제16대 대통령(1861~1865). 흑인 노예해방을 선언해 하나의 미국을 만들었다. 1863년 게티즈버그(Gettysburg) 연설이 특히 유명하다.

▶ **정답 지도 시 주의할 점** 괄호가 원고지 끝에 걸리면 다음 줄에 쓰는 것이 아니라 한 행의 마지막 칸 밖에 쓴다는 것을 다시 한번 상기해 주세요.

05 원고지 규칙 정리하고 필사하기 ··· pp. 80~83

연습하기

1

❶
해리포터를 읽고
공간 초등학교
3학년 2반 한서진

"아바다 케다브라!"
볼드모트는 해리포터를 향해 크게 외쳤다.

❷ 한글날(10월 9일): 세종대왕이 창제한 훈민정음의 반포를 기념·축하하기 위해 정한 국경일. 한글을 보급·연구하는 일을 장려하기 위한 날.

❸
2022 카타르 월드컵
윤신우

2022년 카타르(Qatar) 월드컵이 11월 20일~12월 18일까지 열렸다. 공인구로는 알 리흘라가 사용……

❹ 3개월간 열심히 노력했던 바이올린 연주회 날이다.
'오늘은 실수하지 말아야지.' 굳게 다짐하고 무대에 올랐다.
"이번 무대는 신비의 곤충 베짱이가 준비했습니다."

▶ **정답 지도 시 주의할 점** 제시된 문장이 〈'오늘은 실수하지 말아야지.'라고 굳게 다짐하고 무대에 올랐다.〉였다면 다음 행의 한 칸을 비우고 쓰는 것이 아니라 인용문 바로 뒤에 이어서 '라고'를 쓴다는 점을 알려 주세요.

❺
날씨와 생활
지리산 초등학교
임지민

"아! 또 비 온다."
며칠째 비만 오는 날씨가 이어지고 있다. 인제 그만 와도 좋으련만……

❻ 스티브 잡스(Steve Jobs): 1955년~2011년, 애플의 창업주. 애플Ⅱ-매킨토시-아이폰 등을 개발했다.

5단원 장르 및 목적에 따라 글쓰기 (1)

01 일기 쓰기 ········· pp. 86~89

연습하기

1 7:00~8:00-7시 50분 기상, 늦게 일어나서 허둥지둥 댐
8:00~9:00-엄마가 해 준 아침밥을 먹는 둥 마는 둥 하고 8시 40분쯤 학교로 출발, 아슬아슬하게 지각을 면함
9:00~12:00-〈수학, 국어, 과학〉
국어 시간에 '일기 쓰기' 수업을 하던 중 글감이 생각나지 않아서 고생함, 글을 잘 쓰는 한울이가 친절하게 상담해 줌
13:00~13:40-'스캐터볼'이라는 뉴스포츠 활동을 함, 주사위를 활용해서 팔찌를 빼앗는 게임인데 친구들과 즐겁게 했음
14:00~17:00-수학과 태권도 학원에 감, 태권도 품새 훈련에서 자세가 좋다고 칭찬을 받음, 학원 끝나고 친구들과 운동장에서 축구를 함
17:00~19:00-가족이 함께 나가서 갈비를 먹음, 오랜만에 외식이라서 기분이 좋았음, 아빠와 엄마가 내가 좋아하는 소프트 아이스크림도 사 줌
19:00~21:00-가족 독서 시간에 엄마, 아빠와 함께 일기 쓰는 방법에 관한 이야기를 나눔, 글감을 찾는 것이 어렵지만 일기를 쓰다 보면 글감도 쉽게 찾을 수 있다는 이야기를 나눔
21:00~22:00-깨끗이 씻고 잠자리에 누움, 아빠가 내가 좋아하는 해리포터를 재미있게 읽어 주셨음, 솔솔 꿈나라~

2 **일기로 쓰고 싶은 글감**: 일기 글감 찾기의 어려움
그에 관한 생각이나 느낌: 일기를 쓸 때 글감 찾기가 어렵다. 글을 잘 쓰는 한울이가 친절히 상담해 줘서 고마웠다. 일기를 쓰다 보면 글감을 찾는 것도 좀 더 쉬울 거라는 부모님의 말에 힘이 났다.

직접 써 보기

1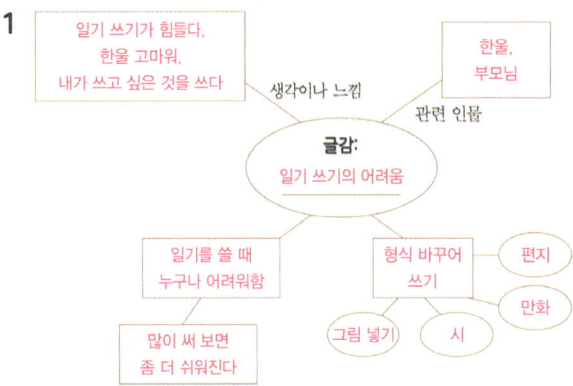

2 **날짜**: 20◯◯년 11월 8일 화요일
날씨: 좋았다가 흐려짐, 비까지 뚝뚝!
제목: 한울아, 고마워!

　일기를 어떻게 써야 하는지 고민이 많았던 하루였다. 아무리 일기를 쓰려 해도 무엇을 써야 할지 생각나지 않았다. 어제와 똑같은 하루를 보낸 것만 같은데 매일 다른 일기를 써야 한다니! 특히 오늘은 이 문제로 더 많은 고민을 했다.
　나만 이런 고민을 하고 있는 줄 알았는데 많은 아이들이 나와 비슷한 고민을 하고 있었다. 특히 우리 반에서 일기를 제일 잘 쓰는 한울이도 나와 똑같은 고민을 하고 있었다. 한울이는 매일이 다르니까 조금만 생각해 보면 쉽게 글감을 찾을 수 있다고 말해 줬다. 또, 일기가 쓰기 싫으면 일기를 만화나 그림, 편지 등의 형식으로 바꿔 쓰면 좀 더 재미있게 일기를 쓸 수 있다고 했다.
　생각해 보니 나도 일기를 쓰기 싫은 마음이 크다. 하지만 오늘은 내가 하고 싶은 말을 쓰니까 다른 날보다 조금이라도 일기를 잘 쓴 것처럼 느껴진다.
　앞으로 일기를 쓸 때 어렵다고 고민하는 것이 아니라 퍼뜩 드는 생각 위주로 내가 하고 싶은 말을 쉽게 써 가고 싶다. 너무 많이 고민되고 스트레스받는다면 그것은 일기가 아니라 시험 공부일 것

이다. 일기는 내가 쓰고 내가 읽는 글이니까 고민을 줄이고 더 즐겁게 쓰도록 해야겠다.

02 생활문 쓰기 (1)-겪은 일 떠올리기
...... pp. 90~91

연습하기

1 **생활문으로 쓰고 싶은 글감**: 여름에 해수욕장에 가서 신나게 놀고 팥빙수를 먹은 일
글감에 대한 자기 생각이나 느낌: 덥다, 시원하다, 차갑다, 뜨겁다, 에메랄드 빛, 새하얀 얼음, 맛있다, 살 것 같다, 좋다, 행복하다

2 ▶ 팥빙수 그림을 그려 보세요.
　　뜨거운 여름, 해수욕장에 가서 신나게 놀았어요. 에메랄드 빛 바다에서 수영도 하고, 큰 튜브도 탔어요. 바다에서 놀이가 끝나고 팥빙수를 먹었을 때 그 시원함을 아직도 잊을 수가 없어요. 새하얀 얼음에 까만 팥, 살짝 올라간 수박이 최고로 맛있었어요.

03 생활문 쓰기 (2)-쓸 내용 구체적으로 정리하기
...... pp. 92~95

연습하기

1 **언제**: 시우의 생일, 점심시간
어디서: 급식실
있었던 일: 시우의 생일-튀김을 더 달라고 함-한 사람에게 줄 양이 정해져 있어서 그럴 수 없다고 함-옆에서 김치를 더 많이 줌
생각이나 느낌: 당황스럽다, 싫다, 아쉽다, 먹고 싶지 않다, 실망하다, 좌절하다

2 **언제**: 서현이 생일 파티
어디서: 서현이네 집
있었던 일: 생일 파티에 모여서 맛있는 음식을 먹고, 재미있는 보드게임을 했다. 서현이와 많은 얘기를 나누고, 즐거운 시간을 가졌다.
들은 것: 서현이가 나에게 선물을 줘서 고맙다고 말했다.
그때의 생각이나 느낌: 이 시간이 계속됐으면 좋겠다고 생각했다. 서현이와 더 친해지고 싶었다.

3 **원인**: 서현이가 나에게 선물을 줘서 고맙다고 말했다.
결과: 서현이와 앞으로 더 친해지고 싶었다.

직접 써 보기

1 **제목**: 서현이의 생일 파티
　"서현아, 축하해!" 서현이가 자신의 생일 파티에 와 달라고 생일 초대장을 줬을 때 얼마나 기뻤는지 모르겠다. 그래서 며칠을 고민해서 서현이가 좋아할 만한 선물을 고르고, 예쁜 엽서도 한 장 써서 서현이에게 줬다.
　"고마워, 정말 기억에 남는 선물이 될 것 같아."
　서현이 생일 파티에는 맛있는 음식이 많았다. 생일 파티에 초대된 친구들과 즐겁게 떠들면서 함께 즐거운 시간을 보냈다. 서현이가 나에게 음식을 더 먹으라고 말해 주면서 알게 모르게 나를 많이 챙겨 줬다. 보드게임을 할 때는 같은 편이 돼서 재미있는 시간을 보냈다. 이 시간이 계속됐으면 하는 생각까지 들었다. 서현이가 옆에서 조용히 나에게 말했다.
　"민진이 네가 오니까 정말 좋다."
　"나도 그래."
　속삭이는 말 속에 깊은 우정이 싹텄다. 서현이의 생일 파티 덕분에 서현이와 더 친해지게 된 것 같아서 기뻤다. 앞으로도 이 관계가 쭉 이어졌으면 좋겠다. "서현아, 고마워. 정말 즐거운 날이었어."

04 편지 쓰기 (1)-편지의 형식 ········ pp. 96~97

연습하기

❶
지웅이에게	받는 사람
지웅아, 안녕? 나 태민이야.	**첫인사**
이렇게 편지를 쓴 이유는 너를 내 생일 파티에 초대하기 위해서야. 이번 주 토요일 12시에 우리 집에서 생일 파티를 하려고 해. 네가 참석해 준다면 정말 고마울 것 같아.	**전하고 싶은 말**
그날 기다릴게. 꼭 와 주면 좋겠다. 잘 지내^^	끝인사
20○○년 5월 13일	쓴 날짜
너의 친구 태민이가	쓴 사람

❷
항상 성실한 태현이에게	받는 사람
태현아, 안녕. 오늘 너에게 미안한 마음을 전하려고 편지를 썼어.	첫인사
쉬는 시간에 주현이랑 장난을 치다가 네 물통을 책상 아래로 떨어뜨려서 깨뜨렸어. 태현이 네가 무척 아끼는 물통이라고 들었어. 그래서 너무 미안해. 내가 용돈을 조금씩 모아서 꼭 똑같은 걸로 사 줄게. 그때까지 조금만 참아 주면 좋겠어.	**전하고 싶은 말**
태현아, 네 마음이 많이 상하지 않았으면 좋겠다. 미안해.	끝인사
20○○년 6월 6일	쓴 날짜
너의 친구 지민이가	쓴 사람

05 편지 쓰기 (2)-편지의 종류 ········ pp. 98~101

연습하기

1 ❶ 우리 반 아이들이 깨끗한 환경에서 공부할 수 있게 도와주셔서 감사해요. 힘드실 텐데 매번 웃어 주시는 것도 힘이 됩니다.
❷ 특히 영어는 함께 대화하는 과정이 꼭 필요하니까 둘이 하면 서로에게 도움이 되고, 능률이 더 오를 수 있을 거야.
❸ 나는 소심해서 그런 게 쉽지 않거든. 자신감 있는 너의 모습을 보고, 대단하다고 생각했어.
❹ 선우는 조용하지만 오래 지내다 보면 마음이 따뜻한 친구라는 걸 알 수 있어. 선우가 다른 사람의 마음을 많이 배려하거든.

직접 써 보기

1 **편지를 쓰고 싶은 사람**: 군인 아저씨
그 이유: 나라를 지키기 위해 노력하는 군인 아저씨께 감사하다는 말을 전하고 싶다.

2 **편지의 종류**: 위문 편지
전하고 싶은 말: 나라를 지키기 위해 애써 주시는 군인 아저씨 감사해요. 피곤하시겠지만 조금만 더 힘내 주세요.

3   우리나라의 든든한 버팀목 군인 아저씨께
안녕하세요? 군인 아저씨.
  저는 사람 초등학교에 다니는 3학년 8반 이수정이라고 해요. 이번에 10월 1일 국군의 날을 맞아 학교에서 군인이 하는 일에 대해서 알아봤어요. 무척 힘든 일이 많았고, 군인이 우리나라에 꼭 필요한 존재라는 것을 알게 됐어요. 이 편지는 힘든 일을 하시는 국군 아저씨께 자그마한 힘을 보태려고 쓰는 편지입니다.
  요새는 국군 복무 기간이 많이 줄었지만 그래도 의무적으로 1년 이상 군인 역할을 하는 것이 정말 힘들 것 같아요. 그런 힘든 점에도 불구하고, 끝까지 나라를 위해서 애쓰는 군인 아저씨께 너무나 감사합니다.
  마음속으로 군인 아저씨들 항상 응원하겠습니다. 그리고 우리가 가정과 학교, 사회에서 편안하게 살 수 있는 것도 군인 아저씨 덕분이라는 것을 마음에 새겨 놓겠습니다. 복무하시는 시간 동안 조금만 더 힘내시면 좋겠습니다.
  감사합니다.

20○○년 10월 1일
감사하는 마음을 담아 이수정 올림

06 감상문 쓰기-재미있게 본 장면 찾기

...... pp. 102~105

연습하기

1 ▶ 〈주토피아〉에 나오는 주디와 닉, 나무늘보를 그려 보세요.
주토피아에서 주디와 닉이 나무늘보에게 일을 부탁하지만 너무 느려서 속 터져 하는 장면

2 **장면**: 주디와 닉은 나무늘보 플래시에게 차량 조회를 부탁하지만 플래시가 일 처리를 너무 천천히 해서 답답해하는 장면
생각이나 느낌: 닉이 농담을 할 때 플래시의 눈이 커지는 장면이 너무 재미있었다. 일 처리를 너무 늦게 해도 여유를 가지고 기다려야겠다는 생각이 들었다.

3 • 늦잠을 자서 학교에 지각한 적이 있다.
 • 운동장에 나가려고 서두르다가 복도에서 넘어져 무릎이 까진 적이 있다.
 • 친구가 문자를 너무 늦게 보내서 답답한 적이 있다.
 • 아빠가 차를 빠르게 몰다가 사고가 난 적 있다.

직접 써 보기

1 **동기**: 운동회가 끝나고 점심시간까지 시간이 조금 남아서 선생님께서 영화를 틀어 주셨다. 그때 본 영화가 바로 '주토피아'였다. 반 아이들 모두가 시간 가는 줄 모르고 재미있게 빠져서 본 영화다.
줄거리: 어렸을 적부터 경찰이 되고 싶었던 주디는 토끼가 경찰이 될 수 없다는 편견을 깨려고 노력한다. 결국 경찰이 된 주디는 교통경찰의 일을 맡다가 알게 된 여우 닉과 함께 주토피아에서 벌어진 무서운 사건을 해결하려고 시도한다. 힘들었지만 임무를 멋지게 끝낸 주디는 편견을 깨고 주토피아 최고의 경찰관이 된다.
인상 깊은 장면: 주디와 닉이 나무늘보에게 일을 부탁하는데, 너무 느려서 속 터져 하는 장면이 인상적이었다.
느낀 점: 서두르다가 일을 망치는 순간이 제법 많다. 언젠가 나도 운동장에 나가려고 뛰다가 복도에서 넘어져 무릎을 심하게 다친 적이 있다. 또, 아빠는 차를 급하게 몰다가 사고가 난 적도 있다. 나무늘보 플래시처럼 너무 느릴 땐 문제가 되겠지만 그게 아니라면 삶에서 여유를 가지고 행동하면 더 큰 행운이 오게 된다는 걸 깨달았다.

6단원 장르 및 목적에 따라 글쓰기 (2)

01 문단의 짜임 알고 쓰기

...... pp. 108~111

연습하기

1 다양한 종류의 치킨 메뉴가 있다.
2 ❶ 요즘 나온 연구로 독서는 사람의 스트레스를 줄여 주고, 깊은 수면에 효과적이라고 합니다. TV를 보거나 스마트폰을 하는 것보다 독서는 사람의 집중력 향상에 더 많은 도움을 줍니다.
❷ 그리고 편식을 하면 뼈가 약해져 키가 자라는 데 문제가 생길 수 있습니다.

직접 써 보기

1

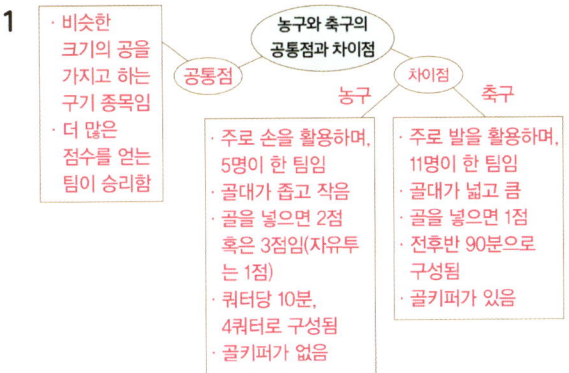

　농구와 축구의 공통점과 차이점에 대해 알아보 겠습니다. 농구와 축구는 둘 다 구기 종목으로 비슷한 크기의 공을 사용해서 경기를 진행합니다. 또, 두 운동 모두 점수를 더욱 많이 얻는 쪽이 승리하는 '팀 게임'이라고 할 수 있습니다. 하지만 농구가 5명이 한 팀으로 움직이고 손을 활용해서 하는 게임이라면, 축구는 11명이 한 팀으로 움직이고 발을 활용하는 스포츠입니다. 농구는 좁고 작은 골대에 골을 넣으면 1점이나 2점, 3점 등 점수가 다양하지만, 축구는 넓고 큰 골대에 골을 넣어야 하고 1점씩 점수가 계산됩니다. 농구에는 골키퍼가 없지만 축구에는 골키퍼가 있다는 점도 두 스포츠의 차이점이라고 할 수 있습니다.

2

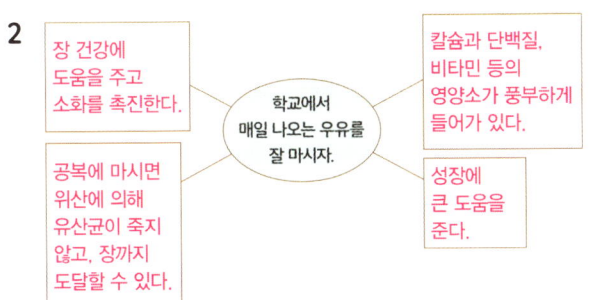

　학교에서 매일 아침 나오는 우유를 잘 마십시다. 우유는 칼슘과 단백질, 비타민 등의 영양소가 풍부하게 들어 있는 완전식품으로 매일 마시면 성장에 큰 도움을 줍니다. 특히 공복에 마시면 위산에 의해 유산균이 죽지 않고, 장까지 도달해서 건강이 좋아집니다. 또, 우유를 마시면 장 기능 활성화에 도움을 주고, 소화까지 촉진합니다.

02 설명하는 글 (1)-메모하기 ······ pp. 112~113

연습하기

1　**한얼이의 메모:** 라면 끓이는 방법
　소윤이의 메모: 라면의 종류

2　❶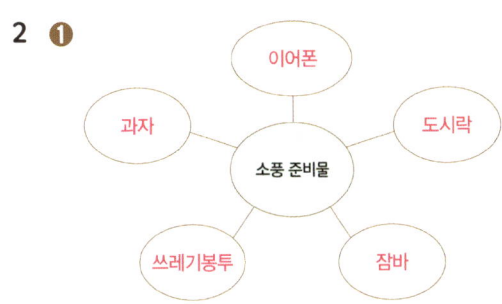

　❷ ① 소리가 나는 물체가 떨림
　　② 그 떨림으로 인해 주변의 공기가 떨림
　　③ 그 떨림이 우리 귓속으로 전달
　❸ **원인:** 태현이가 주현이 어깨를 세게 침(사과도 안 함)
　　결과: 주현이와 태현이가 말다툼을 함

▶ **정답 지도 시 주의할 점** 메모는 중요한 내용을 간단히 적되 무엇에 대해 썼는지 알 수 있게 적어야 해요. 메모할 때 중요하지 않은 내용은 과감히 삭제해도 된다는 점을 아이에게 알려 주시기 바랍니다.

03 설명하는 글 (2)- 글 읽고 내용 간추리는 방법 알기 ······ pp. 114~115

연습하기

1
　㉠ 길이는 한끝에서 다른 한끝까지의 거리를 말한다. 한 점에서 다른 점까지 일직선으로 그은 후 거리를 재면 그것을 '길이'라고 한다. 이러한 길이는 여러 가지 다른 낱말로 바꾸어 부르기도 하는데 보통 가로의 길이를 너비, 세로의 길이를 높이라고 한다.
　㉡ 길이의 단위는 km, m, cm, mm 등 여러 가지가 있다. 각각의 단위는 다른 단위와 연결되어 있다. 1km는 1,000m이고 1m는 100cm와 같다. 또, 1cm는 10mm이다. 이것을 조금 더 구체적으로 나타내면 '1m와 100cm, 1,000mm'는 같은 길이라고 말할 수 있다.
　㉢ 길이의 단위가 다양한 이유는 상황에 따라 알맞은 단위를 써야 하기 때문이다. 연필이나 지우개의 길이를 잴 때는 cm와 mm를 쓸 수 있고, 서울에서 부산까지의 거리나 지리산의 높이를 이야기할 때는 km와 m를 사용할 수 있다. 이처럼 여러 가지 상황에 맞는 길이의 단위를 사용하면 듣거나 읽는 사람이 길이에 대해 빠르게 이해할 수 있다.

길이는 한끝에서 다른 한끝까지의 거리를 말한다. 길이의 단위는 km, m, cm, mm 등 여러 가지가 있다. 여러 가지 상황에 맞는 길이의 단위를 사용하면 듣거나 읽는 사람이 길이에 대해 **빠르게** 이해할 수 있다.

2

길이	한끝에서 다른 한끝까지의 거리
가로의 길이: 너비	세로의 길이: 높이
1cm = 10 mm	
1,000m = 1 km	

길이는 상황에 따라 **알맞은 단위** 를 사용할 수 있다.
① 연필이나 지우개의 길이: **cm**, **mm**
② 서울에서 부산까지의 거리, 지리산의 높이: **km**, **m**

▶ **정답 지도 시 주의할 점** 여기서는 핵심어를 토대로 글의 내용을 간추렸지만, 표나 그림, 마인드맵 등을 활용해서 정리할 수도 있다는 것을 아이에게 알려 주시기 바랍니다.

3
- 한끝에서 다른 한끝까지의 거리를
- km, m, cm, mm
- 길이를 단순히 어림하는 것이 아니라 정확하게 재야겠다

04 설명하는 글 (3) - 글을 읽고 내용 간추리기
...... pp. 116~117

연습하기

1

교통수단의 발달

❶ '교통수단'이란 사람이 이동하거나 짐을 옮기는 데 쓰는 수단을 의미한다. 이러한 교통수단을 이용하면 먼 곳을 빨리 갈 수 있다. 또, 한 번에 옮기기에 많은 양의 짐도 교통수단에 실어 한꺼번에 옮길 수 있다.

❷ 옛날 사람들의 교통수단으로는 나룻배, 달구지, 말, 가마 등이 있다. 이러한 교통수단은 자연에서 쉽게 얻을 수 있는 재료로 만들었다. 또, 사람이나 동물, 자연의 힘을 이용해서 움직였다는 특징이 있다.

❸ 하지만 점차 과학기술이 발전하면서 교통수단에도 변화가 나타났다. 사람이나 동물, 자연의 힘을 이용하지 않고도 기계의 힘을 이용하게 된 것이다. 이를 통해 사람은 힘을 덜 들이며 이동하고, 먼 곳을 쉽고 빠르게 움직일 수 있게 되었다.

❹ 오늘날 사람들의 교통수단은 승용차, 버스, 기차, 지하철, 여객선, 비행기 등이 있다. 사람들은 이렇게 다양한 교통수단을 이용하여 먼 곳을 편리하게 이동할 수 있게 되었다. 이제 이동하는 거리나 걸리는 시간에 따라 자신에게 적합한 교통수단을 선택할 수 있게 된 것이다.

❺ 현재는 새로운 교통수단이 등장하고 있다. 드론은 조종사가 타지 않고 멀리서 조종하여 물건을 나를 수 있는 비행기이고, 자율 주행 자동차는 사람이 운전하지 않아도 목적지까지 스스로 움직이는 새로운 교통수단이다. 이처럼 발달을 거듭하면서 앞으로 더욱 새롭고 참신한 교통수단이 등장하게 될 것이다.

2 ❶ 교통수단, 사람이 이동하거나 짐을 옮기는 데 쓰는 수단
❸ 과학기술의 발전, 교통수단 변화, 기계의 힘 이용
❹ 오늘날 사람들의 교통수단, 다양한 교통수단, 자신에게 적합한 교통수단
❺ 새로운 교통수단의 등장, 새롭고 참신한 교통수단

▶ **정답 지도 시 주의할 점** 정확한 답은 없어요. 스스로 문단에서 중요하다고 생각하는 낱말을 찾아 적어 보도록 아이에게 알려 주시기 바랍니다.

3 '교통수단'이란 사람이 이동하거나 짐을 옮기는 데 쓰는 수단을 의미한다. 옛날 사람들의 교통수단으로는 나룻배, 달구지, 말, 가마 등이 있다. 하지만 점차 과학기술이 발전하면서 교통수단에도 변화가 나타났다. 오늘날 사람들의 교통수단은 승용차, 버스, 기차, 지하철, 여객선, 비행기 등이 있다. 현재는 새로운 교통수단이 등장하고 있다. 앞으로 발달을 거듭하면서 더욱 새롭고 참신한 교통수단이 등장하게 될 것이다.

▶ **정답 지도 시 주의할 점** 요약하는 가장 간단한 방법으로 중심 문장을 잇는 방법이 있어요. 여기에 핵심어를 중심으로 문장에 약간의 내용을 덧붙인다면 훌륭한 '요약하기'를 할 수 있어요.

05 설명하는 글 (4) - 자신이 읽은 책 소개하기
...... pp. 118~119

연습하기

1 소개하고 싶은 책: 달러구트 꿈 백화점
그 책에 나오는 인물: 페니-이 책의 주인공, 달러구트 꿈 백화점의 신입 직원

달러구트-백화점의 사장. 다른 사람의 꿈을 소중히 여긴다.
웨더-1층의 매니저. 허당인 달러구트를 슬기롭게 돕는다.
비고 마이어스-2층의 매니저. 완벽주의자. 깔끔하다. 꼰대
스피도-4층의 매니저. 일 처리가 빠르고 수다를 많이 떤다.

2 – 자신이 꾸고 싶은 꿈을 구입하는 사람들
    – 달러구트 꿈 백화점 입사 시험에 합격하는 페니
    – 꿈을 통해 자신의 문제를 해결하는 사람들

3 – 우리가 꾸는 꿈을 직접 구입한다는 상상력이 놀라웠다.
    – 꿈을 통해 자신의 한계를 딛고 일어서는 사람들의 모습에 감동이 밀려왔다.
    – 사람마다 필요한 꿈이 다르고, 저마다 갖고 있는 여러 가지 문제를 해결하며 살아간다는 것이 마음에 와닿았다.

4 　자신이 꾸는 꿈이 어디서 오는지 생각해 본 적 있니? 이 책은 우리가 꾸는 꿈이 어디서 어떻게 오는지 알려 주는 흥미 있는 책이야. 달러구트 꿈 백화점은 사람들이 꾸고 싶은 꿈을 판매하는 곳으로 유명해. 이 마을에 살고 있는 페니는 꿈의 직장인 달러구트 백화점에 가까스로 입사하게 되지. 페니가 달러구트 꿈 백화점에서 겪은 일을 중심으로 이야기가 전개돼.
　이 책을 읽으면서 우리가 꾸는 꿈을 자신이 직접 구입한다는 상상력이 놀라웠어. 또, 에피소드마다 나오는 사람들이 자신의 문제를 꿈을 통해 해결한다는 점이 감동적이었지. 너도 분명 이 책을 읽어 보면 내가 무슨 말을 하는지 쉽게 알 수 있을 거야.
　오늘 무슨 꿈을 꾸고 싶니? 달러구트 꿈 백화점을 읽어 본다면 아마 네가 꾸고 싶은 꿈을 조금이나마 알 수 있을 거야. 이 책을 읽고, 너의 한계를 극복하고 일어서는 모습을 보여 주길 바라.

06 설득하는 글 (1)-의견의 뜻을 알고 올바르게 적기 ············ pp. 120~121

연습하기

1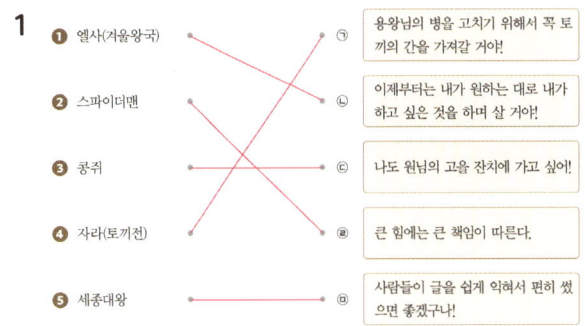

2 쓰레기를 재활용하는 것은 환경 보호의 첫걸음이야.

▶ **정답 지도 시 주의할 점** 같은 상황에서도 사람에 따라 다양한 의견이 나올 수 있음을 아이에게 지도해 주세요.

3 온유야. 자기만 편하자는 생각은 다른 사람에게 존중받을 수 없어. 다양한 의견을 제시하더라도 다른 사람에게 공감받을 수 있는 의견을 말해야 해. 그러니까 다시 한번 생각해 보렴.

▶ **정답 지도 시 주의할 점** 서로 생각이 다를지라도 올바르지 않은 의견을 말하는 것은 잘못된 일이에요. 자신만 옳다고 생각하는 의견은 누구에게도 인정받을 수 없다는 것을 아이에게 알려 주세요.

07 설득하는 글 (2)-글쓴이의 의견과 까닭 파악하기 ············ pp. 122~123

연습하기

1 ❷ 첫째, 가족끼리 서로 말을 조심해야 합니다.
❸ 둘째, 가족끼리 배려하는 마음을 가져야 합니다.
❹ 셋째, 가족 간에 문제가 발생했을 때 대화를 통해 문제를 해결하려고 노력해야 합니다.
❺ 자신이 먼저 가족을 배려할 수 있도록 꾸준히 노력합시다.

2 행복한 가족이 되려면 서로 배려하고, 좋은 대화를 나눌 수 있도록 노력해야 한다.

직접 써 보기

1 일주일에 한 번씩이라도 저녁을 먹고 설거지를 한다. 왜냐하면 일주일에 한 번이라도 설거지를 하면 우리를 위해 애쓰시는 부모님의 힘듦을 조금이나마 이해할 수 있을 것 같기 때문이다.

08 설득하는 글 (3)-의견이 드러나는 글쓰기
...... pp. 124~125

연습하기

1 반 아이들끼리 서로 놀리는 일이 많이 발생하고 있습니다.

2 수업 시간에 선생님의 질문에 손도 안 들고 말하는 아이가 많습니다. 하나의 질문에 여러 명이 서로 대답하려고 해서 교실이 소란스럽습니다. 손을 들고 선생님께서 시키면 발표하는 규칙을 정해야 할 것 같습니다.

3

- 까닭
  - 서로 대답하려고 해서 교실이 시끄러워진다.
  - 말을 많이 하는 아이들만 발표를 계속하게 된다.
- 교실에서 손도 안 들고 말하는 아이들
- 해결 방법
  - 한 번 발표한 사람은 되도록 말을 하지 않고 다른 사람에게 기회를 준다.
  - 손을 들고 선생님께서 시키면 대답한다.

직접 써 보기

1 **제목**: 손 들고 발표하기

'손 들고 발표하기' 제목처럼 무척 간단한 일입니다. 선생님께서 질문할 때 손을 들고, 선생님께서 시키면 발표하는 것입니다. 하지만 현재 교실에서 이 간단한 행동이 제대로 지켜지지 않습니다. 예를 들면, 선생님께서 질문할 때 서너 명의 학생이 서로 다른 이야기를 합니다. 이렇게 말을 하면 무슨 말을 하는지 알아들을 수 없을뿐더러 교실도 소란스러워집니다. 또, 교실에서 손을 안 들고 발표하는 학생은 거의 정해져 있기 때문에 여러 사람이 발표할 수 있는 기회를 박탈합니다.

그러므로 선생님께서 질문할 때, 손을 들고 발표 기회를 달라는 의사 표현을 하도록 규칙을 정합시다. 선생님께서 발언 기회를 준 아이가 발표한다면 교실은 조용해지고, 좀 더 다양한 학생에게 기회가 갈 것입니다. 교실에서 지키는 간단한 규칙 '손 들고 발표하기' 하나로 교실은 더욱 공평해지고, 조용해질 것입니다.

7단원 여러 가지 글 익히기

01 브레인스토밍 ········· pp. 128~129

연습하기

1. **이미 알고 있는 내용**: 물고기는 비늘로 덮여 있다.
   쓰고 싶은 내용: 물과 땅을 왔다 갔다 하는 동물의 종류
2. 지느러미, 다슬기, 아가미, 물 바닥을 기어 다니는 동물, 갯벌에 사는 동물

▶ **정답 지도 시 주의할 점** 브레인스토밍은 정답을 적는 것이 아니라 생각나는 대로 자유롭게 많이 적는 것이 중요하는 것을 아이에게 알려 주세요.

직접 써 보기

1. **이미 알고 있는 내용**: 의식주의 뜻, 음식의 종류, 주거 형태, 옷이 필요한 이유
   쓰고 싶은 내용: 의식주가 우리 생활에 끼친 영향, 의식주가 중요한 이유
2. 이층집, 아파트, 한옥, 햄버거, 커피, 보호, 필요, 안전, 청바지, 치마, 블라우스, 셔츠
3. **의**: 청바지, 치마, 블라우스, 셔츠
   식: 햄버거, 커피
   주: 이층집, 아파트, 한옥
   의식주의 필요성: 보호, 필요, 안전

02 마인드맵 그리기 ········· pp. 130~133

연습하기

1.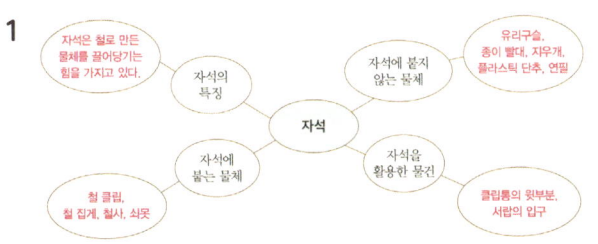

2.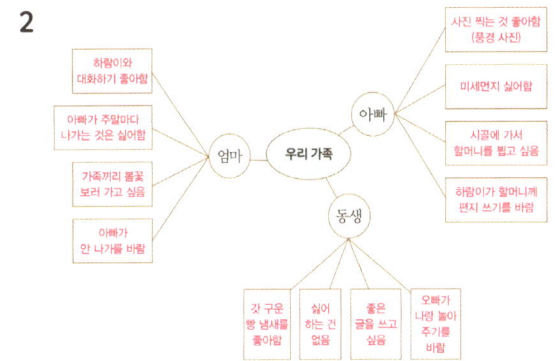

▶ **정답 지도 시 주의할 점** 마인드맵은 그리는 방법과 모양이 꼭 정해져 있지 않아요. 글의 흐름에 따라 알맞은 모양으로 마인드맵을 수정해도 괜찮아요. 기준을 정해서 마인드맵을 정리해 보세요.

직접 써 보기

1.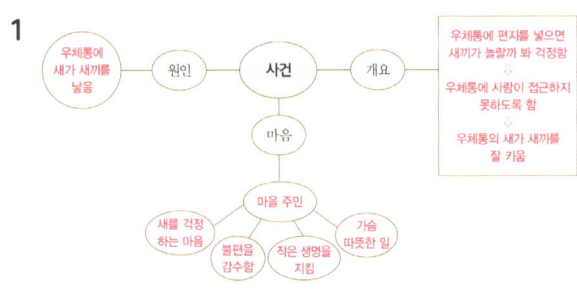

2. 우체통에 조그마한 새가 둥지를 틀었습니다. 여러분은 어떻게 하시겠습니까? 강원도 시골 마을에서는 이 새를 보호하기 위해 불편을 감수하고 우체통에 사람이 접근하지 못하게 막았습니다. 새를 걱정하는 마음, 작은 생명을 지키려는 마을 사람들의 마음이 합쳐진 작은 기적이었습니다. 이렇듯 우리 주변에는 생명을 지키기 위한 기적들이 조금씩 일어나고 있습니다.

▶ **정답 지도 시 주의할 점** 마인드맵으로 정리한 내용 모두를 글로 옮길 필요는 없어요. 글쓴이가 더 중점을 두고 싶은 것을 골라 쓰면 돼요.

03 개요 짜기 ·········· pp. 134~135

연습하기

1
> 옛날에는 **돌이나 흙** 을(를) 재료로 음식을 만드는 도구를 만들었지만 세월이 흐르면서 그 재료가 점차 **철** (으)로 변화했습니다. 이렇게 음식을 만드는 도구가 발달하면서 사람들의 생활 모습도 큰 변화를 겪었습니다.
> 예를 들면, 토기가 **가마솥으로, 가마솥이 전기밥솥으로 변화했습니다**
> 그리고 갈판과 갈돌이 **맷돌로, 맷돌이 믹서로 점점 발달했습니다**
> 이러한 음식을 만드는 도구의 발달로 이제 우리는 **음식을 좀 더 빠르고 간편히 만들 수 있게 되었습니다**

2 **책 제목**: 고양이 해결사 깜냥
책을 읽게 된 동기: 옆의 친구가 너무 재미있게 읽고 있길래 내게도 빌려달라고 부탁해서 보게 되었다.
줄거리: 비를 피하기 위해 아파트 경비실을 찾은 깜냥은 잠시 동안 경비원 보조 일을 맡게 된다. 깜냥은 경비원으로서 여러 가지 재미있는 일을 겪으면서 무슨 일이든 척척 해내는 의젓한 경비원으로 성장한다.
인상적인 부분: 깜냥의 말 "나는 태어나서 한 번도 슬프거나 힘들다고 생각한 적이 없어. 춥고 배고프고 아플 때도 있지만, 그런 순간에도 희망을 잃지 않아. 힘든 시간을 이겨 내면 반드시 신나고 즐겁고 재미있는 일이 생기거든."
책에 관한 생각이나 느낌: 나도 깜냥처럼 긍정적인 마음을 가지고 재미있게 살고 싶다.

04 독서 감상문 쓰기 (1)-동기 ·········· pp. 136~139

연습하기

1 ❶ 인터넷 검색 ❷ 좋아하는 작가

2 저는 제가 좋아하는 분야의 책이 있는 코너로 가서 여러 책의 머리말을 읽은 후 마음에 와닿는 글을 쓴 사람의 책을 고릅니다.

3 ❶ 국어 시간에 선생님께서 〈아낌없이 주는 나무〉라는 책이 좋다며 꼭 읽어 보라고 말씀하셨다. 그래서 도서관에 가서 고민할 것도 없이 이 책을 가장 먼저 선택하게 되었다.
❷ 나는 삼국지를 좋아한다. 지난번에 만화로 본 삼국지가 너무 재미있어서 꼭 원작을 봐야겠다는 마음이 들었다. 서점에서 가장 눈에 띈 책이 바로 긴 글로 된 이 삼국지 책이다.

직접 써 보기

1 좋아하는 작가, 좋아하는 분야의 책, 인터넷 검색, 머리말, 글의 시작 부분, 쪽수, 표지

2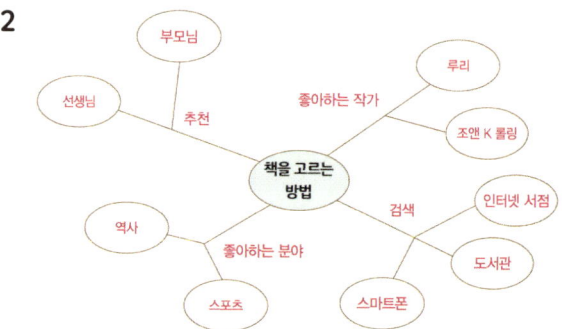

3 ▶ 2번에서 그린 마인드맵에서 본인이 책을 읽게 된 동기를 찾아 ○표 하세요.

4 **책을 읽게 된 동기**: 이야기 분야의 책을 좋아하는 나는 이번에 인터넷 검색을 통해 〈이상한 과자 가게 전천당〉이라는 책이 재미있다는 것을 알게 되었다. 1권을 읽고 반해서 그다음 권을 계속해서 읽고 있다.
책의 줄거리: 이상한 과자 가게 전천당에서는 사람들의 소원을 들어주는 과자를 판다. 가게의 주인 베니코가 사람들의 소원을 들어줄 때마다 나타나는 놀라운 사건들이 재미있게 펼쳐진다. 다만 주의 사항을 읽지 않으면 무서운 일이 펼쳐지기도 한다.
책에 관한 생각이나 느낌: 소원을 들어주는 과자가 있다면 나는 어떤 과자를 먹고 싶을까? 나는 손흥민 과자를 먹어서 축구를 무지하게 잘하고 싶다. 만일 그렇게 된다면 정말 기분이 좋겠지?

5 이야기 분야의 책을 좋아하는 나. 〈해리포터〉, 〈건방진 수련기〉, 〈고양이 해결사 깜냥〉 등 많은 책을 읽었다. 이번에 또 다른 책을 읽고 싶어서 인

터넷을 통해 어린이 베스트셀러를 뒤지기 시작했다. 〈이상한 과자 가게 전천당〉. 벌써 열 권이 넘게 나온 이 책을 알게 된 것도 검색을 통해서였다. 1권을 읽고 나니 왜 많은 아이가 이 책을 좋아하는지 알 수 있었다. 이상한 과자 가게 전천당은 사람의 소원을 들어주는 과자를 파는 가게다. 이 가게에 들르는 사람들은 모두 심각한 고민을 안고 있다. 그 고민을 해결하기 위해 산 과자를 먹고 놀라운 일을 겪게 되는 사람들! 하지만 과자를 먹을 때 주의사항을 읽지 않아서 위기를 겪기도 한다. 만약 내게도 이런 소원을 들어주는 과자를 파는 가게가 나타난다면 어떻게 할까? 나는 축구를 잘하게 해 주는 과자를 먹고 싶다. 만약 손흥민처럼 축구를 잘한다면 정말 멋지지 않을까? 상상만으로도 행복한 일이다.

05 독서 감상문 쓰기 (2)-인상 깊은 부분 표현하기 ········· pp. 140~143

연습하기

1 나연

2 **책의 제목**: 만복이네 떡집
인상 깊은 장면: 만복이가 들어간 떡집의 떡 이름 '허파에 바람이 들어 비실비실 웃게 되는 바람떡'
생각이나 느낌: 책을 읽으면서 웃게 되는 적이 많이 없는데 떡 이름만 읽고도 빵 터져서 기분이 좋아졌다. 떡집에 있는 떡을 나도 먹어 보고 싶다. '허파에 바람이 들어 비실비실 웃게 되는 바람떡'은 무슨 맛일까?

3 **책의 제목**: 푸른 사자 와니니
인상 깊은 장면: 주인공이 힘이 없어서 무리에서 쫓겨나는 모습
생각이나 느낌: 동물의 왕이라는 사자도 그 무리에서 힘이 없으면 쫓겨날 수밖에 없다는 사실에 눈물이 고였다. 특히 참담한 신세에 마음 아파하는 사자의 모습이 말할 수 없이 처량해 보였다.

직접 써 보기

1 Let it Go!, 스파이더맨, 책을 마구잡이로 먹는 여우, 유비·관우·장비의 만남, 도시락 폭탄을 던진 윤봉길 의사, 판다의 국수 만들기, "대한 독립 만세"를 외치는 안중근 의사의 모습
▶ 제시된 내용 외에도 책, 영화, 게임의 인상 깊은 장면 어느 것이든 쓸 수 있어요.

2 ▶ 1번에서 적은 내용 중 소개하고 싶은 내용에 ○표 하세요.

3 ▶ "대한 독립 만세!"를 외치는 안중근 의사 얼굴을 그려 주세요.
자신의 안위보다 나라의 독립을 위해 위험을 무릅쓰고 혼자 중국 하얼빈으로 가서 적을 향해 총을 겨눈 안중근 의사의 용감한 행동에 감동했다. 어떤 생각으로 그 일을 실행했는지, 또 그 후에 잡혔을 때는 어떤 감정이었는지 궁금해졌다. 나는 과연 나라를 위해 그렇게 위대한 일을 해낼 수 있을까?

4 **제목**: 〈안중근 전기문〉
그것을 보게 된 동기: 광복절을 맞아 독립운동가에 관련된 책을 읽고 독후감 쓰기가 숙제로 정해졌기 때문에
줄거리: 안중근 의사가 우리 민족의 독립을 위해서 스스로 몸을 바쳐 일본 제국의 앞잡이 이토 히로부미를 처단한다.
인상 깊게 본 장면: 안중근 의사가 하얼빈역에서 일본 제국 정부 주요 관리들을 총으로 쏴서 처단하는 장면, 총을 쏘고 "카레이 우라(대한 독립 만세)!"를 외친 장면
그에 관한 생각이나 느낌: 조국을 위해서 내 목숨을 바쳐 일할 수 있을까? 안중근 의사 같은 분이 계시기에 일본 제국의 침략에서 벗어나 독립을 할 수 있지 않았을까?

5 안중근, 그 유명한 이름 석자가 대한민국의 독립 이래로 우리 마음속 깊은 곳에 새겨져 있다.
이번에 광복절을 맞아 학교에서 독립운동가에 관련된 책을 읽고 독후감 쓰기가 숙제로 정해졌다. 그와 함께 도서관에서 눈에 딱 띈 책이 있었으니 바로 〈안중근 전기문〉이었다. 만날 '안중근, 안

중근' 하는 말만 들었지, 그가 실제로 한 일에 대해서는 아는 바가 없었다.

하지만 그와 같은 사람이 우리 조선에 없었다면 일본 제국에게 어떻게 독립을 할 수 있었을까? 안중근 의사와 같은 훌륭한 사람이 우리나라 독립을 위해서 싸웠기에 현재 우리가 집에서 편하게 TV를 보고, 밥을 먹을 수 있다.

안중근 의사의 전기문을 읽으면서 가장 인상 깊었던 장면은 안중근 의사가 하얼빈역에서 누구의 눈에도 띄지 않고 다가가 일본 제국의 주요 인사들을 총으로 처단하는 장면이었다. 거기서 멈추지 않고, 태극기를 꺼내서 "카레이 우라(대한 독립 만세)!"를 외치는 장면은 눈물까지 날 정도로 명장면이었다.

나는 조국을 위해 목숨을 바쳐 일할 수 있을까? 나에게 그런 용기가 있을까? 정말 말도 안 되게 대단한 일을 한 안중근 의사에게 박수를 보내고 싶다. 안중근 의사 같은 분이 계시기에 우리는 일본 제국의 침략에서 벗어나 1945년 8월 15일 광복을 맞을 수 있었다.

06 교과서 글쓰기 (1)-나눗셈 문제 만들기

········ pp. 144~147

연습하기

1 $10 \div 5 = 2$

2 똑같이 나누어 주려고 합니다.

3 $8 \div 2 = 4$

4 모두 몇 사람이 가져갈 수 있을까요?

5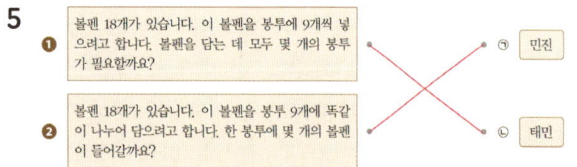

직접 써보기

1 $10 \div 5 = 2$

2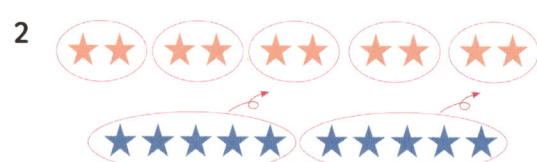

3 ❶ 하늘에 별이 10개 떠 있습니다. 다섯 사람에게 별을 똑같이 나누어 주려고 합니다. 한 사람은 별 몇 개를 받을 수 있을까요?

   ❷ 하늘에 별이 10개 떠 있습니다. 별을 다섯 개씩 나누어 준다면 모두 몇 사람에게 나누어 줄 수 있을까요?

4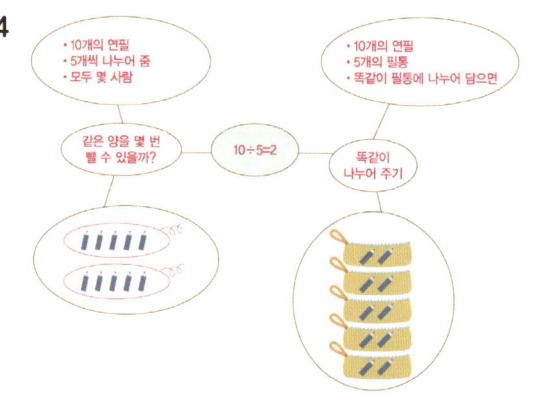

5 – 10개의 연필이 있습니다. 한 사람당 5개씩 나누어 가지려고 합니다. 모두 몇 사람에게 연필을 줄 수 있을까요?

   – 10개의 연필이 있습니다. 5개의 필통에 연필을 똑같이 나누어 담으려고 합니다. 필통 한 개에 몇 개의 연필이 들어갈까요?

07 교과서 글쓰기 (2)-지표의 변화

········ pp. 148~151

연습하기

1 물, 사람, 스마트폰, 공기, 비, 나무뿌리, 생물의 썩은 물질, 바람, 가방, 지우개

2 흙이 만들어지는 과정, 물과 공기가 흙에 미치는 영향, 지표는 어떻게 만들어지는가? 바위는 어떻게 부수어질까?

3

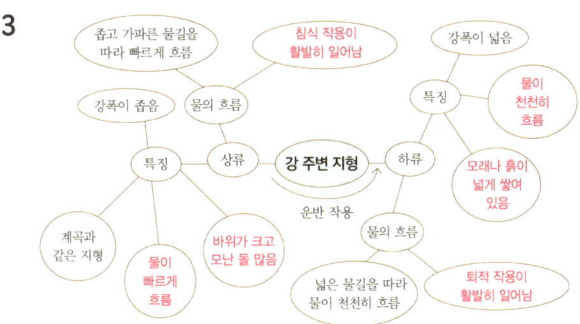

4 강 하류의 지형은 여러 가지 특징을 가지고 있습니다. 강폭이 넓고 물이 천천히 흐릅니다. 또, 모래나 흙이 넓게 쌓여 있어 평야 지형이 많습니다. 이러한 지형을 갖게 된 이유는 넓은 물길을 따라 물이 천천히 흘러 퇴적 작용이 활발하게 일어나기 때문입니다.

직접 써 보기

1 대천해수욕장, 방파제, 등대, 소나무, 모래사장, 파라솔, 고무보트, 센 파도, 폭풍우

2

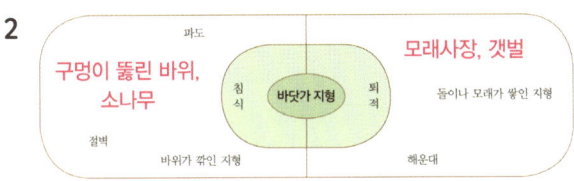

3 바닷가에는 높은 절벽이나 구멍이 뚫린 커다란 바위가 많습니다. 이러한 지형에서 바다를 바라보면 파도가 세게 치고, 바람이 강한 것을 알 수 있습니다. 이러한 지형은 파도나 바람에 의한 침식 작용에 의해 만들어집니다. 그래서 해수욕장에서는 모래가 날아가는 것을 막기 위해 소나무를 심거나 큰 천으로 모래를 덮어 두기도 합니다.

4 글의 장르: 인터뷰
처음: 바닷모래 전문가 인사
가운데: 바닷모래의 중요성

– 해양 생물의 터전
– 건축 재료
– 아름다운 경관 제공
끝: 모래를 어떻게 보호할 수 있을까?

▶ **정답 지도 시 주의할 점** 글의 장르란 시, 편지, 설명하는 글, 설득하는 글, 일기, 생활문, 감상문 등을 말한다는 것을 아이에게 알려 주세요.

5 A: 안녕하세요? 오늘은 바닷모래 전문가 이바다 씨를 모셨습니다. 안녕하세요?
B: 네, 안녕하세요? 바닷모래 전문가 이바다입니다.
A: 네, 오늘은 바닷모래의 중요성에 대해서 알아보려고 하는데요. 바닷모래, 왜 중요할까요?
B: 여러 가지 이유가 있겠지만 제일 큰 이유는 바닷모래는 말 그대로 바다 생물의 삶의 터전입니다. 모래가 없어지면 그만큼 해양 생물의 집이 없어지거든요. 그러니까 모래를 소중히 해야겠죠. 그리고 바닷모래는 염분을 깨끗하게 제거한 후 건축 현장에서 많이 이용됩니다. 마지막으로 모래는 그 자체로 아름다운 경관을 만듭니다. 이런 아름다운 자연환경을 망친다면 그것은 악질적인 행위일 것입니다.
A: 자세히 얘기해 주셔서 감사합니다. 마지막으로 이런 소중한 모래, 어떻게 보호할 수 있을까요?
B: 간단합니다. 우선, 모래 채취를 멈춰야겠죠. 그러니까 건축 용도로 사용하는 모래의 양을 줄여야 할 것입니다. 그리고 무엇보다 중요한 것은 바닷모래에 함부로 쓰레기를 버리지 않도록 노력해야 할 것입니다.